赢的答案

WINNING THE ANSWERS

尊享版 Jack Welch & Suzy Welch

[美] 杰克 · 韦尔奇　苏茜 · 韦尔奇◎著　扈喜林◎译

中信出版集团 · 北京

图书在版编目（CIP）数据

赢的答案：尊享版 /（美）杰克·韦尔奇，（美）苏茜·韦尔奇著；扈喜林译．--3 版．-- 北京：中信出版社，2017.7（2025.11重印）

书名原文：Winning: The Answers

ISBN 978-7-5086-7404-9

Ⅰ．①赢… Ⅱ．①杰… ②苏… ③扈… Ⅲ．①通用电气公司（美国）－工业企业管理－经验 Ⅳ．① F471.266

中国版本图书馆 CIP 数据核字（2017）第 063753 号

赢的答案：尊享版

著　　者：[美] 杰克·韦尔奇　苏茜·韦尔奇
译　　者：扈喜林
出版发行：中信出版集团股份有限公司
（北京市朝阳区东三环北路 27 号嘉铭中心　邮编　100020）
承 印 者：嘉业印刷（天津）有限公司

开　　本：880mm × 1230mm　1/32　　印　　张：9.25　　字　　数：134 千字
版　　次：2017 年 7 月第 3 版　　印　　次：2025 年 11月第 17 次印刷
京权图字：01–2007–1813
书　　号：ISBN 978-7-5086-7404-9
定　　价：49.00 元

服务热线：400-600-8099
投稿邮箱：author@citicpub.com

编者的话

WINNING: THE ANSWERS

2001年，《杰克·韦尔奇自传》简体中文版的引进出版，在国内掀起了阅读热潮，至今已经多次再版重印，创造了200多万册的销售佳绩。随后，中信出版社陆续引进出版了《赢》《赢的答案》，并于2016年推出了杰克·韦尔奇的最新作品《商业的本质》。这些优秀管理著作始终延续着畅销神话，已经成为读者心目中的商业经典读本。

在今天读到韦尔奇的作品之前，我们也许会问：当工业时代走向终结，互联网浪潮强势来袭，我们为何还要读杰克·韦尔奇？当一切都被颠覆，一切都被重新定义，究竟哪些东西是我们依然需要坚持的？如何才能在这个时代，始终处于“赢”者的地位？

而这位管理巨匠一针见血地指出：“尽管科技革命给市场带来了诸多杂音，然而你不能迷失商业中最核心的东西。这一点在1960年是真理，在今天是真理，等到2060年仍然会是真理。”

是的，在当今的新商业环境下，要想“赢”，就必须遵从商业的规则，回归商业的本质。增长依然是王道，如何选拔人才、做好营销、应对危机也依然是管理者们关心的问题。如今将杰克·韦尔奇的经典图书重装再版，不仅是因为这些书依然能够为今天的管理实践提供参考和借鉴，也是希望通过这位商业领军人物的经历，及其在所处时代中发挥的影响与推动作用，为中国的企业家和创业者提供更多关于市场变革、经济大背景与企业成长等层面的启发。

中信出版秉承的理念是“从中国看世界，把时间变成历史”。我们坚信，只有提供优质的知识，才能在时间的长河中留下有意义的印记，正如我们向您奉上的这套中信十余年来最经得起时间考验的著作。我们非常欣慰地看到，不仅众多商业领军人物正在阅读我们的出版物，更多管理者、创业者，甚至那些身处各个岗位的普通员工和广大高校学生，都在阅读和支持我们的图书。我们相信，如此庞大的智力资源才是中国企业乃至中国经济最强劲的引擎之一。

编者

2017年5月

对《赢》的赞誉

有了《赢》，再也不需要其他管理著作了。

沃伦·巴菲特

无论是对刚刚离校的毕业生，还是对大公司的 CEO（首席执行官）而言，本书都是一部公正、坦率、题材全面的商业成功指南。

比尔·盖茨

《赢》通过深刻的洞察、全面的剖析，充分体现了韦尔奇作为管理大师的过人理念和智识。这本书通篇洋溢着赢的激情，无论你是企业管理者还是普通职员，都将受益匪浅。

杨元庆，联想集团董事长兼 CEO

“赢”是所有追求成功的人都想获得的结果。尽管常说“屡战屡败，屡败屡战”，最终还是要赢，要大赢，要彻底的赢！韦尔奇先生的这本书从管理者自身的角度思考了企业如何面对问题、跨过难关，而最终取得成功！这是每一个追求成功的企业管理者必读的一本书。

陈东升，泰康人寿保险股份有限公司董事长兼 CEO

杰克·韦尔奇给我们提供了一个精彩而详细的计划，它可以指引任何人去争取成为真正的赢家。韦尔奇那种实事求是的风格曾经让美国通用电气公司重新焕发了生机，在本书中，他也用这种务实的态度，给我们讲述了一个个在职业和个人生活中取得成功的案例。

鲁迪·朱利亚尼，前纽约市市长

本书语言朴素而光彩四溢，它就像冠军队伍的演练手册，切实可行又充满权威。在公司经营的各个层次和若干事务上，本书都是一本绝好的教材。杰克·韦尔奇不愧是企业管理的大师。

汤姆·布罗考，美国全国广播公司
新闻频道前主持人兼执行主编

目 录

WINNING: THE ANSWERS

关于领导力

当一个好上司

关于管理的原则与实践

怎样带领企业走向成功

关于私营企业

怎样为家族企业工作

关于输与赢

为什么说企业是向善的

《赢》之后的新问题

2005 年 4 月，我们出版了一本名为《赢》[①] 的书。此前，我们花了三年时间在世界各地走访，在这三年中，我们和数十万人探讨工作、职业和生活的挑战，他们提出了很多深刻、深入，往往又是很迫切的问题。当时，我们出版《赢》的初衷再简单不过——整理对这些问题的看法，希望它既能从哲学的角度阐述一些基础的企业经营原则，又能为读者提供一些实用的实践指导。在成书的过程中，我们尽量将这三年来无数精彩的对话收录其中。

我们原以为《赢》已经收录了一切应该收录的内

① 《赢》的中文版已由中信出版社于 2005 年 5 月出版，并成为当年最畅销的商业与管理书籍。——编者注

容——但事实上这一目的却远未达到！

照例，我们举行了新书出版的巡回推广活动。在这一过程中，我们时刻注意捕捉那些激动人心的场面。可是，虽然电视也上了，广播里也宣传了，而且我们还走访了美国和欧洲的37所商学院，在全球许多城市的100多个商业团体中进行了推广，但我们却很快发现，在推广活动中，很多读者拿到《赢》之后，不是对它赞不绝口（“嗯，很好，不错”），而是问题多多（“嘿，等一下，关于……”）。

> **我们原以为《赢》已经收录了一切应该收录的内容——但事实上这一目的却远未达到！**

通过《赢》，我们再一次看到，人们极其渴望谈论工作，他们想要更深刻地了解工作的内涵，深入探讨关于工作的细微含义，想把工作做得更好。即使在巡回推广活动结束之后，仍有大量的问题接踵而来。

在过去的一年里，我们收到了好几千个问题。这些问题涉及的范围极其广泛，既有宏观的，如“沃尔玛在社会上扮演什么角色”，也有微观的，如“我怎么克服当众说话的恐惧”“我升任经理后，怎么来管理先前和我一起工作的同事”；密歇根州的一位IT（信息技术）主管问我欧盟的前景如何，新泽西州的一个CEO要求我给他列出在招聘销售人员时对方应具备的最重要的素质；数百人问我怎样才能事业有成，数十人问我怎样与苛刻的上司和睦相处，两个人问我怎样向年长的员工直言自己的看法；还有很多在家族企业工作的人向我们抱怨掌权的姑姑、叔叔或堂兄弟的领导能力是多么低下，或者向我倾吐对任人唯亲的不满；前不久，一个痛苦不堪的南非大学毕业生给我写信，求教怎样才能获得自信，她说她没有任何工作经验，不知道该如何从零开始；英国一位因为业绩不佳被解雇的记者问我怎样才能找回自信……

一些来信读起来轻松有趣，比如，印度尼西亚的一位企业主管问我们，怎样才能让她的部下不再用“这是我的直觉”来为自己的错误决定辩解。而另外一些信件则很严肃，比如，一位密尔沃基的工程师来信说：“孙子们不小了，我得给他们提一些有关人生目标的建议了，可是，下一步该做的重要事情是什么？”

确实，自从《赢》出版之后，我们解答了很多读者提出的问题。这让我们经常想起 2002 年访问阿姆斯特丹的时候，一位荷兰企业家曾经说过的一句话：“每天都有新问题。”

果然被她言中了！

一年前，我们发现，我们已经与《赢》引发的那个内容丰富的谈话缱绻难分、欲罢不能了，我们在情不自禁地延续着那个谈话。对于两个以与人接触和交谈为乐事的人来说，这确实是一件很惬意通过《赢》出版之后与全球读者的交流，我们可以不断向大家讲述一个先前没有充分阐明的观点——企业是社会的强大引擎，它们是世界繁荣的基础。

的事情。不只如此，我们简直对此着了迷。在世界各地，我们与人们的每一次交流，都让我们更加了解这些行业迥异的人最为关心的事情——不论他们是年轻人、老人，还是其他中间年龄段的人。我们了解到，非洲的大多数人关心的是自己创业，人们想方设法创立自己的公司、设计自己的成功之路——他们梦想从得过且过的生活方式中走出来。在经济较为发达的国家里，人们普遍对那些困扰人们思维的陈旧行为方式表示困惑，他们提出的大多数问题类似于“编制预算的时候怎样才能剔除那些没有价值的因素”“怎样才能提高公司人力资源部的效率”。

《赢》引发的持续谈话促使我们进一步深入地分析我们过去提出的观点，探索一些《赢》没有谈及的有关企业经营、事业发展的问题。这两个方面都是一种认识上的拓展活动。最后，通过《赢》出版之后与全球读者的交流，我们可以不断向大家讲述一个先前没有充分阐明的观点——企业是社会的强大引擎，它们为社会创造就业机会、缴纳税款、增加经济发展的机遇。在这些方面，没有任何一种组织可以与企业相比。诚然，政府扮演着重要的支持作用——文明社会离不开政府部门的服务，但是，企业能够为家庭提供收入、为个人提供发展机会、为社会提供丰富的产品，所以可以说，企业是世界繁荣的基础。

因此，2005 年 9 月，我们接受了纽约时报集团（New York Times Syndicate）的邀请，每周为他们撰写一则栏目问答。后来，从英国到日本，从南非到墨西哥、斯里兰卡、保加利亚，全球多个国家的 40 家报纸都陆续转载了这一专栏。在美国，每期星期五出版的《商业周刊》杂志的封底都刊有这个栏目。

除了收录了在问答栏目里回答过的一些问题之外，您现在手里拿的这本书还收录了在巡回推广活动中和在近几年的演讲及课堂讨论中人们提出的问题。（现在我们俩都是老师，杰克在麻省理工学院的斯隆管理学院代课，苏茜在巴布森学院的女性领导力中心执教。）大致来说，这些问题可以分为三类。

第一类问题和《赢》提出的看法相关，只是有一点改变——或者说是更深入了一层。例如，很多人告诉我们，他们同意《赢》提出的这一观点：坦率直言对企业经营（和日常生活）益处多多，可是他们不知道怎样在具体环境里做到直言不讳，尤其是在崇尚礼节的亚洲文化氛围里。无独有偶的是，数百位读者给我们写信，谈论他们对《赢》里有关员工差别管理的看法。在《赢》里，我们根据员工之间的差异性，将员工分为 20% 的优秀员工、70% 的普通员工和 10% 的较差员工。来信的读者认为这是一个好办法，但是他们不知道该怎样将这一划分原则应用于小公司、增长型企业、正在衰落的公司、家族企业、瑞典公司以及任何读者所在的公司。（实际上这一原则在各种企业都可能适用，在本书中你就可以看到。）

第二类问题涉及的主题是《赢》所不曾提到的。这些问题主要围绕着自主创业精神和家族企业的经营。有些关于工作和事业的问题因为太特殊，所以没有收录在内。我们很喜欢的一个问题是一位秘书提出来的。她在获得 MBA（工商管理硕士）学位的当晚发现公司仍旧没有调整她的职位。这种非常普遍的“刻板印象”问题，《赢》却遗漏了。我们在这本书里将它收录了进来。正是全球读者的积极提问，我们才有幸把一些重要话题涵盖在本书内，比如，什么能够真正激励人们？突然被提升为先前同事的主管会面临什么挑战？此外，我们还收录了评估总经理绩效最有效的三个标准。

本书收录的最后一类问题和当前发生的重大事件有关。因为书稿的交付时间较长，所以书籍一般不对重大新闻进行剖析，《赢》也不例外。但专栏允许我们评论时事，而且我们的作品在读者中引起了强烈反响。本书中引起争论最多的问题（其实，说“解答”更为准确）是：为什么当前的女性 CEO 数量寥寥、沃尔玛在社会上扮演的是什么角色、对安然事件的看法如何。有关第一个问题，我们收到了不计其数的 e-mail（电子邮件）。大多数读者的看法都很有见地。

他们赞同我们的看法，认为女性的职业发展并不一定因为性别原因（即要生孩子）受到了负面影响。但是，当看到我们认为沃尔玛会对世界起到积极作用的观点之后，读者的反应就不那么客气了。一点不假，在这些如雪片般的来信中，65% 的读者支持这位零售业巨头，为其经常受到媒体打压而鸣不平；而在其他来信中，读者对我们的观点大加谴责，认为沃尔玛纯粹是社会的破坏者。最后一个问题尤其让我们懊恼，我们在安然问题上的观点（我们认为安然公司是法人渎职的一个罕见案例）遭遇了一片声讨声。世界各地的数十位读者发来邮件，反对我们的这一看法。

这里，顺便提一句这本书的结构。它可不是根据以上的三类问题来编排的！为了帮助读者了解最感兴趣的问题，我们按照探讨的主题进行了结构安排。虽然大家提出的每个问题都各具特点，但是，它们在主题方面也存在相同之处。所以，我们将有关全球竞争的最好、最具代表性的问题放在了一起，将针对怎样在家族企业工作的问题放在了一起，将领导力的问题放在了一起。用这种方法，我们将本书分为 6 个部分，涵盖的范围涉及企业经营的各个方面。

《赢的答案》精心选择了读者提出的 74 个问题。本来还可以收录更多问题，但是，过去的事实告诉我们，竭力在一本书内囊括所有关于工作的问题是不明智的。接下来的这些问题涉及几十个重要话题，也许每个话题你都会感兴趣。

但是，这些问题及其解答并不能解决你所有的疑惑。

生活在无限延续着，关于工作的对话也将不断地继续下去。事实确实如此。国家的经济浮浮沉沉，加剧的竞争势不可当，创业的道路不会一帆风顺，所以，各种新问题会不断涌现。

我们希望能听到所有这些问题。

WINNING THE ANSWERS

关于全球竞争

积极进取的新世界

在阐述《赢》的观点时，我们假定的前提是，全球化已经深入人们的生活，过去曾经抵制它的人现在已经改变了态度，他们开始积极地投身其中，迎接这个变化。但我们只看到了问题的一个方面，目前，大多数人还没有抓住全球化带来的大好机遇，例如市场的扩大，很多人仍旧在等式的另一边苦苦挣扎，即怎样应对“动作迅速的国外竞争对手”。一位焦虑的企业主管说：“他们的步子太快了，好像突然之间就遍地开花了。”

从现在起，他们就会突然出现在你身边。随着中国和印度的崛起、欧洲的再度复苏，全球经济将越来越成为一个不可分割的整体。就像我们所建议的，企业真的不能再迟疑彷徨了，必须马上投入这场竞争。

1
创新无止境

你提到，如果要和中国竞争，我们就必须把成本降低30%~40%，因为他们的工资水平很低，货币价值被高度低估。可是，你想过没有，你能阻止中国人借鉴你发明的每一项技术和先进管理模式吗?

——英格兰纽卡斯尔读者

不可能！你无法阻止中国人借鉴你那些可以提高效率的工艺流程。不但如此，你同样无法阻止罗马尼亚人、墨西哥人和美国人借鉴。实际上，以下假定肯定成立，即你所有的竞争对手，不管是来自印度尼西亚还是冰岛，都将迫不及待地模仿你的最佳实践方法，而且他们也有能力做到这一点。

这听起来很无奈。好像当今的竞争环境一片暗淡，前途渺茫。这样的悲观情绪很可能让企业一蹶不振。但你可以换一个角度来看待这个问题——这正好可以激励你，促使你奋发图强、挑战自我，不断去寻求新的突破。面对今天的竞争环境，你必须快跑，敢于想、敏于行。

路在何方？答案很简单——创新。虽然竞争之道并不仅限于此，但是，我敢说，在当今全球市场的竞争环境下，创新是最可靠、最有效的竞争手段。

创新的方式有两种。如果双管齐下，我们就能给竞争对手以沉重打击。

第一种创新你很容易就能想到：开发出某种独创的、应用价值极高的东西，比如一种新的分子技术、一款革命性的软件、一项能够改变游戏规则的新技术。当然，这一类大家熟知的创新可以是偶然进行的（比如在车库里），但大多数情况下，它是在一个重视创造性观点、积极鼓励创新的企业氛围里孕育和产生的。这种企业往往锐意进取，将企业看作新产品或新服务的实验室。宝洁公司、苹果公司就是明证，它们依托创新的企业文化打造了强大的竞争优势。

路在何方？答案很简单——创新。

第二种创新虽然没有前一种创新受人瞩目，但是它的效果却毫不逊色，那就是不停地革新你现有的产品或经营方式。虽然人们必须通过发现全新的理念来创新，但是，企业可以（也必须）通过探索最佳实践的方法并适应它们，持续地提升这些方法以达到创新这一目的。尤其是依靠成本、质量和服务的创新活动，企业才能适应今天的竞争环境，将相关成本降低 30%~40%。

这种提升活动永无止境，也不受部门的限制。它可以是一个研发团队如何想办法将一种人们熟知的分子技术应用于一个崭新的领域，也可以是软件工程师设法为更新旧版软件开发一个应用程序。这种提升活动也可以应用于整个组织的层次——大家一起不懈努力，不断对原有产品和服务进行完善，彻底摒弃墨守成规、不思进取的做法，让“人们都用这个方法”的借口无处容身，取而代之的是深入人心、振聋发聩的一致认识——“持续创新，永无止境”。

换句话说，追求最佳实践的企业文化没有终点。如果一个公司觉得，它已经将原有的竞争对手远远地抛在了后面，那么，它就应该寻找“下一个更强的对手”，一定要至少领先对手一两步。

在持续寻找你的超越目标的过程中，不要让目光局限在你可以超越的领域，不要将全部注意力集中在自家院子的某块石头后面，而是应该走出院子，到另一个部门或数百英里之外的其他公司去。不仅要注意本行业内的公司，还要注意本行业外的公司。通用汽车就是通过参观世界各地的多个丰田汽车制造基地，才学到了精益生产方式的技术细节；通过研究管道设备和空调设备生产厂商美标公司（American Standard）的最佳实践，才知晓了加快存货周转的诀窍。在这方面有一点是确定的，那就是，很多企业都非常乐意和你大谈他们的成功之道——当然，前提是你不是他们的直接竞争对手。你需要做的就是开口去问。爱提问题是拥有追求最佳实践企业文化的公司员工的重要特点。

现在，也许你会想，追求最佳实践的企业文化，其优点谁都能说上一大堆，可是在企业里营造这种文化多困难啊。一点没错。在这方面，很多企业都流于形式——只是喊喊空洞的口号。他们信任最佳实践的方法，认为它就代表"万无一失"。他们会对员工说"最佳实践的方法肯定没有问题，我们一定要相信它"等诸如此类的话，但仅此而已。当然，这种空洞的支持恐怕起不到什么作用。

在真正追求最佳实践的文化里，对新颖创意的执着追求已经被"烘焙"成了公司使命。在每次绩效评估时，公司都要对寻求最佳实践和渴望持续学习、完善最佳实践的方法这两方面的行为进行评估，并给予相应物质奖励。在追求最佳实践的企业文化里，主管招聘和提拔员工的标准之一就是该员工是否渴望不断学习。

毫无疑问，营造一种创新的文化氛围不是一件轻而易举的事。

但是，没有行动地坐而论道肯定无助于问题的解决。你必须持续搜寻、不断完善最佳实践的方法，并将这种活动作为企业运作的重要内容；否则，你就准备在你的竞争对手呼啸而过时向他们挥手致意吧。

2 开辟中国市场

> 我们是一家卓有成就的加拿大公司。前不久，我们的两个重要竞争对手开始斥巨资开辟中国市场。虽然我们听说，他们的中国业务目前在亏损，但我总是担心，我们当初没有走出去是不是犯了一个错误？
>
> ——加拿大安大略省读者

其实，你不应该仅仅是担心，你应该害怕——非常害怕才对。

在一个全球化的世界里，规模是一个不容忽视的竞争利器，而这一利器恰好是中国能提供给你的，因为它拥有巨大的市场、成本低廉的制造业和日趋强大的技术力量。所以，无怪乎世界各地的公司都不顾一切地蜂拥而去，抢占落脚点。你们那两个重要的竞争对手，可能也是出于这方面的考虑。

他们在进入中国的初期没有收到成效，这也不足为怪。大多数外国公司还没有摸清门道，不知道该如何开辟中国市场。但是，即使你的那两个竞争对手属于这种情况，你也不要以为就此可以高枕无忧了。因为他们一旦知道怎样利用中国市场赋予的潜在机会，他们的竞争力水平就会取得飞跃性的发展，从而将你远远地甩在身后。

中国拥有巨大的市场、成本低廉的制造业、日趋强大的技术力量。

所以，我们的第一个建议是，把你的疑虑、担心抛在一边，认真问自己几个问题：他们为什么要开拓中国市场？他们到底看中了什么？他们仅仅是看上了中国蕴藏的巨大市场，还是拥有一种可能深受中国人欢迎的新产品或服务？他们是看中了中国的制造成本优势，还是掌握了一种可以改变游戏规则的低成本、低投资的工艺流程？他们是掌握了一种技术，可以据此完善其产品功能或外观，使之更加吸引顾客，还是打算与亚洲公司建立合作伙伴关系，准备在适当的时机，将从你这里进口的产品返销回加拿大或销往其他国家？

在仔细回答这些问题的过程中，你必须始终坚持这一假设——你的竞争对手了解中国的某些优势，而你不了解。

即使后来的事实证明，这个假设根本不成立，你也要坚持这一假设。

请注意这个事实：因盲目在中国各地开辟市场而遭遇巨大损失的例子比比皆是。比如，有的公司进入中国，就是因为他们的两个重要竞争对手进入了中国市场，之后公司里的个别人（比如说你）就开始坐不住了。他们之所以去中国，就是因为最近几年，从商学院的课堂到董事会会议再到媒体报道，“不去中国就没前途”的说法沸沸扬扬。他们之所以去中国，还因为一种强烈的错觉，好像大家都在奔向中国。

> **如果你不知道怎样利用中国的规模效应来提升自己的实力、生产效率和利润，你去中国就没有意义。**

其实，这些理由都不够充分。

不错，中国的规模效应产生的吸引力是巨大的，规模效应能够为企业带来的竞争力也是无可辩驳的，但是，如果你不知道怎样利用中国的规模效应来提升自己的实力、生产效率和利润，你去中国就没有意义。在这种情况下，你去中国和去其他任何一个新市场是一样的，不管你穿越的是州界线，还是一个大洋。是否开辟中国市场，你必须考虑战略和效益两方面的影响。这个决策你现在可以不做，但是在不久的将来，你一定要做。

所以，我们给你的最后一个建议是我们在开始就提到的——现在真正到了你该担心的时候了。事实上，你应该假设你的竞争对手已经了解了中国的一些情况，知道怎样利用中国的规模效应来提升自己的市场地位和经济实力。你应该带着这种恐惧，与公司相关人员进行一番探讨，看看自己为什么没有看到中国市场能够为你带来的优势。

你不会看不到这些优势。诚然，不是每一个企业都必须去开辟中国市场，但是，大多数企业必须去，也应该去。

只要他们知道为什么要去。

3
去中国还是去俄罗斯？

> 人们都对中国怀着浓厚的兴趣。我们公司最近与中国一家公司签订了一项合资协议，同时，我们也在考虑进入俄罗斯市场。您觉得俄罗斯的发展潜力如何?
>
> ——美国北卡罗来纳州夏洛特市读者

在俄罗斯做生意的放心程度取决于你面对和处理风险的勇气和能力。俄罗斯的潜力巨大——不仅在提供机会方面，还在让人失望方面。也许，这一点与中国有些类似。但是，我们认为，如果在二者之间做一个比较，俄罗斯的优势会显得少一些；同时，它还有很多明显的劣势。

首先，我们来看一看俄罗斯较为突出的地方。与拥有十几亿人口的中国相比，俄罗斯 1.4 亿的人口虽然只是中国的几分之一，但俄罗斯的市场比任何一个欧洲国家的都要大，更不必谈日本。

不可否认的是，俄罗斯正在发生着某种经济变革。在过去的 6 年里，俄罗斯的 GDP（国内生产总值）年平均增长率都在 6% 以上，远远高于法国和德国。同时，在过去的 5 年里，俄罗斯资本支出的年收益率已经突破了 10%，个人收入增长比例达到了 12%。

我们一直对纷繁复杂的规章制度深恶痛绝，认为它们是官僚主义的同义词。但是，对于国外投资者来说，当你在一个缺乏制度保障的国家里做生意的时候，你就会开始怀念那些“条条框框”。

这些增长的驱动因素是这个国家储量巨大的自然资源——木材、矿产，还有最重要的石油。有些人可能不知道，俄罗斯的石油储量极其丰富，它不仅完全能够做到自给自足，还是世界上重要的石油输出国之一。

但是，如果将另外一些事实也考虑在内，你就会发现，俄罗斯的前景并不被看好。比如，俄罗斯 1/4 的经济收入来源于地下，一些旨在推动平等竞争和透明运作的法律难以正常发挥效力。多少年来，我们一直对纷繁复杂的规章制度深恶痛绝，认为它们是官僚主义的同义词。但是，对于国外投资者来说，当你在一个缺乏制度保障的国家里做生意的时候，你就会开始怀念那些“条条框框”。

我们认为，俄罗斯在解决违法乱纪问题上的措施非常不力，而中国政府在这个问题上的态度是积极的。

说到这里，简单提一下俄罗斯和中国在其他两个方面的比较。第一个方面是制造业。中国的制造业一片兴旺，而俄罗斯的工厂则较为破旧、落后。究其原因，就是因为俄罗斯缺少更新陈旧设备所需的巨额投资。

第二个方面是社会阶层。俄罗斯应该是一个货币充足的国家——他们有储量巨大的石油，但是，俄罗斯的财富分配就像沙皇时代一样极不平衡——极少数人掌握着社会的绝大多数财富，而绝大多数人，尤其是那些在偏远地区的人，收入少得可怜。相比而言，中国的消费者人数在不断扩大，现已超过 1 亿人——几乎相当于俄罗斯的总人口。他们的购买力将越来越能够支撑一个良性的、可持续性的经济发展。

我不想把俄罗斯说得过于悲观，而把中国说得过于乐观。两个国家目前都在进行着一场规模巨大的变革。俄罗斯希望在打击普遍存在的违法乱纪现象和恐怖主义的同时，建设一种资本主义与民主制度相结合的制度。而中国正在建设一种史无前例的社会形态，即在社会主义制度的框架下建设一种市场经济。谁都无从知晓，10 年之后这些改革的进展情况，更不要说 50 年了。

如果一定要打破砂锅问到底——中国和俄罗斯哪一个更具优

势，我们可以说，二者相比，中国对外来投资的吸引力更大。第一，它的人口几乎是俄罗斯的10倍。第二，中国的文化更崇尚创业精神。我们亲身感受到，与俄罗斯相比，在中国，踌躇满志、思维活跃、跃跃欲试、时刻准备一展抱负的人远远超过了俄罗斯。第三，在强大的制造和科技实力的支持下，中国能够提供一个更具吸引力的出口基础。第四，也许也是最重要的一点，就是中国高度重视那些未来发展前景看好的产业，例如电子产品、医疗仪器以及其他行业。而俄罗斯，除了石油和其他自然资源之外，它的主要产业就是机器制造和金属加工，可是这些产业大多已是明日黄花了。

中国的文化更崇尚创业精神。在强大的制造和科技实力的支持下，中国能够提供一个更具吸引力的出口基础。

所以说，我们对俄罗斯的兴趣很难与对中国的兴趣相提并论。虽然如此，这并不是说到俄罗斯投资就是不明智的，也许恰恰是高明之举——时间会证明这一点。

对于中国来说，事实已经为投资中国的优势做出了充分的证明。面对当前的国际化市场，你必须开辟中国市场；俄罗斯的情况有所不同，虽然它的经济也在增长。不过，如果你有强大的资源做后盾，足以化解可能遇到的风险，何不大胆尝试一下呢？

4
创造有意义的就业机会

2005 年 11 月的一个周末，巴黎街头爆发了大规模的骚乱。当时，我们正在巴黎。数天之后，在我们动身前往斯德哥尔摩的时候，骚乱仍没有平息的迹象。后来，在瑞典，我接受了一位记者的采访。她急切地请我对伴随这场骚乱爆发的激烈辩论做出评论。顺便说一句，在法国这个外来移民占全国人口 1/5 的国家，40% 的外来移民是没有工作的。这位记者的问题是：

> 法国的领导人应该采取什么措施来平息这场流血冲突？欧盟其他各国的领导人怎样才能引以为戒，预防这类事件的发生？

我们的回答很简单——各国政府必须同私有企业携手合作，一起创造各种就业机会——不是那种政府部门里虚假的就业机会，而是在新创企业里真正的就业机会。我们告诉她，只要政府调整相关税收和就业法律，引导和奖励创业、冒险、投资，这类骚乱最终一定能够解决。

就好像我们的意思是呼吁公众把孱弱的小猫、小狗都扔在水中溺死，听了我的回答，这位记者非常激动地说："你错了！解决这个问题的办法是政府应该增加失业人员的救济金和福利待遇。你为什么反对这个方案？"

我们反对这个方案，是因为它根本不能解决问题。

我们可能不知道引发法国骚乱的具体原因是什么，但是有一点我们可以确定，那就是，感觉前景一片光明的人很少会走上街头去焚毁车辆。骚乱是失落和愤怒的表现，街头抗议是绝望的呼喊。

在欧洲，如果处于社会底层的人心里还有希望，骚乱就不会爆发。

能够给人们带来希望的东西有很多——占第一位的是自由和尊严。但是，在很大程度上，希望来自于有意义、有发展潜力的工作。这个问题的核心就又回到了就业机会上——真正的就业机会。

在政府部门工作当然不错，1/5 的法国人都在政府部门工作。最近的一次调查表明，年龄在 15~30 岁的法国人中，76% 的人认为政府部门的工作"很有吸引力"。

在经济持续不景气、医疗和教育的政府开支越来越大的条件下，还要将大量富余人员塞进国家部门，想必没有一个国家会这样做——可是，在欧洲某些发达国家里，这却是司空见惯的事情。

在经济持续不景气、医疗和教育的政府开支越来越大的条件下，还要将大量富余人员塞进国家部门，想必没有一个国家会这样做——可是，在欧洲某些发达国家里，这却是司空见惯的事情。如果每个人都做着前途渺茫的工作，那么谁来缴纳维持国家机器运转的各种税款呢？

实际情况确实如此，欧洲需要私营企业来创造就业机会，欧洲各国都需要大量这样的机会。我们来看一组让人震惊的统计数字，这是由新美国基金会（New America Foundation）的乔尔·科特金（Joel Kotkin）最近在《华尔街日报》的社外评论版上公布的。科特金说，在过去的35年里，美国的经济创造了5 700万个新的工作岗位；同一时期，欧洲——GDP总和与美国相仿——却只创造了400万个工作岗位。

只有400万个！问题何在？

委婉地说，问题出在那些限制投资的法律法规上。拿法国、德国来说，这两个国家鼓励风险投资的税收政策很少。另外，两国的就业法还对企业解雇员工设置了重重障碍，所以，企业一般不愿意招聘新员工。

出现这种情况的另一个原因是欧洲人普遍存在的一种态度，这种态度可以简单地总结为：极度地厌恶风险。前不久，我们在德国与许多商人会面，谈起了德国的经济形势。所有人都认为，德国企业（以及整个欧洲企业）的财务状况达到了历史上的最佳状态。虽然政治体制显得有些僵化，但这种体制下的公司仍然在进行“重组”，希望通过这种途径增强自己的竞争实力。这本无可厚非，但是在大多数情况下，这不利于增加就业机会。当我们问及为什么那些资金雄厚的企业不去创办新公司或增加并购力度的时候，几乎每个人的额头上都渗出了细密的汗珠。

经营企业就意味着管理风险，而不是避开风险。

“啊，不，我们不想再冒险了——在20世纪90年代后期，我们投资了互联网公司，”其中一个公司主管说，“结果亏了很多钱，所以我们没必要，也不愿意再重蹈覆辙。”

我们对他们说，恕我们直言，现在该从那段阴影中走出来了，经营企业就意味着管理风险，而不是避开风险。互联网泡沫带给我们的最大收获就是我们从中获得的启示，而传统的风险资本家只是将亏损看作投资过程的一个正常的组成部分。

后来，瑞典一位养老基金经理人为欧洲公司不愿意进行风险投资进行辩解，他把问题的原因归结为欧洲各国私人股本的增长。不错，这个趋势确实存在，也确实是一件好事情，但是增长的幅度远远不够。

私人股本可以为“病人”输入治病的“药液”。这里的“病人”往往是从某个大公司收购的效率低下的分公司。这种“药液”的部分“成分”就是削减员工数量。当前，重组是一个公司提升竞争力的良策。同时，这对国家也有好处，因为如果重组之后的公司能够健康成长，它们将可以给国家上缴更多的税款。但是，私人股本创造就业机会的速度一般是很慢的，往往需要较长的一段时间才会显现出效果。

欧洲急需增加就业机会，好让人们感觉到希望——也就是发展的机遇，而这种发展机遇只能来自新创企业，也就是那种在美国每天都大量出现的公司。

这些企业的大量出现有多方面的原因。

首先，政府的扶持政策。20 世纪 80 年代，美国进行了税制改革，乔治 · 布什就任总统期间进一步实施了减税计划，使其更加有利于新创企业筹集启动资本。同时，就业法放宽了对企业的限制，允许企业根据实际需要灵活地维持员工的数量。

其次，美国文化崇尚冒险。在美国人看来，企业家是民族英雄——他们为社会创造了“生产”就业机会的强大机器，其中包括我们耳熟能详的比尔·盖茨、迈克尔·戴尔、史蒂夫·乔布斯等著名企业家。在全美各地巡回宣传《赢》期间，我们有幸与全国的37所商学院的MBA毕业生进行了交流。他们中的20%告诉我们，他们在规划成立自己的公司。

美国文化崇尚冒险。在美国人看来，企业家是民族英雄——他们为社会创造了“生产”就业机会的强大机器。

相比之下，你很难在“老欧洲”（Old Europe）[①]发现企业家——尤其是雄心勃勃的青年才俊。（而在斯洛伐克和匈牙利等东欧国家，我们遇到了很多青年企业家。）

最后，美国的资本市场非常活跃。大量资金雄厚的投资者到处寻找新的点子和有志于将这些创意付诸实践的创业人士。

美国的创业环境虽不能说是完美无缺，但是，它与欧洲目前的情况形成了鲜明的对比。

现在，我们听人说，像法国那么严重的骚乱将来肯定不会再有。他们的理由是，欧洲人口增长缓慢，到时候，自然人人都会有饭碗。

---

① 老欧洲：源于美国前国防部长拉姆斯菲尔德的言论。在伊拉克战争爆发之际，拉姆斯菲尔德提出了“新（老）欧洲”之说，把反对美国对伊开战的法、德等国称为“过时”的“老欧洲”，把支持美国对伊开战的波兰、匈牙利、捷克等东欧国家称为代表欧洲未来的“新欧洲”。——译者注

现实情况可没这么简单。

只有当政府和企业共同努力，创造出有意义的工作——能够为人们带来真正发展的工作，欧洲的就业问题才会真正解决。税法、就业法以及其他相关法律必须进行改革。同时，人们也要改变自己的态度——正视风险，勇于冒险。各企业应采取果断行动，大胆投资，而企业家必须挺身而出，为美好未来贡献自己的聪明才智。

虽然，一些新创企业会失败，但是，更多的企业将迈向成功。在它们的带动下，欧洲也将会成功。

5
相信欧洲

我常听人谈起中国和印度的未来。我想问的是，您觉得欧洲 5 年之后的发展前景如何？

——美国密歇根州法明顿希尔斯读者

根据欧洲目前的情况（它的经济、政治、社会和人口发展趋势）来看，且不用提因名为“首次雇用合同”的新劳工法案的颁布而致使 100 万人走上街头大加抗议的法国，我们似乎可以认为整个欧洲前途渺茫，前景一片暗淡。

但事实上，欧洲的前景并不像上面描述的那样日薄西山、奄奄一息，也不可能是那样。

毫无疑问的是，在过去的10年间，欧洲一直在原地徘徊。当除他们之外的整个世界都在大步向全球化迈进，并且在这场竞争中越战越勇的时候，欧洲的变革之路却刚刚开始。

当然，并不是说欧洲的每个国家都是如此。20年前，英国就深切地感受到了市场全球化的趋势，于是，为了保持国家的竞争力，他们放宽了对经济的限制。在同一时期，几个东欧国家，比如匈牙利、斯洛伐克有效地实施了有利于市场经济的改革，摆脱了原有经济理论某些方面的禁锢。

但是，从这些国家传出的令人欣慰的经济消息与从法国、德国和意大利传出的不和谐的经济消息相比，前者所能起到的积极意义就很有限了。由于对资本投资和冒险的极度厌恶，老欧洲的三个支柱国几乎被它们的高福利经济政策死死地拖住了进取的脚步。

我们来看一组统计数字。

根据新美国基金会的乔尔·科特金公布的统计数字，在过去的35年里，美国经济创造了多达5 700万个就业机会，而在同一时期，GDP总和与美国相仿的欧洲却仅仅创造了400万个就业机会（而且大多数就业机会来自政府部门）。在这段时期，欧洲失业率一直徘徊在10%左右，比美国高出一倍。

另外，欧洲也无法收获更多的科技领域的进步成果。拿德国、法国和意大利来说，三国的人均研发支出只有美国的一半。人口统计数字也一样不容乐观，上述三个国家的人口都在下降，而且在（自然地）逐步走向老龄化。

最令人焦虑的是，似乎有一种集体性的消极情绪在制约着欧洲的发展。在回答哈里斯互动调查公司（Harris Interactive）提出的问题“你对现在的生活满意程度如何”的时候，只有大约18%的欧洲（这里指的是法国、德国、意大利三个国家）受调查者的回答是“非常满意”；而在美国，这一数字是57%。更糟的是，这些欧洲人觉得他们的生活陷入了一成不变的泥淖。当问到“你认为自己的个人境遇在5年之后会有所改善吗”时，只有1/3的欧洲受调查者认为会有改善；而在美国，2/3的人相信自己的未来会更好。

既然欧洲人自己似乎都在准备给这块大陆的未来写一篇讣告了，为什么我们还对它抱有希望呢？

既然欧洲人自己似乎都在准备给这块大陆的未来写一篇讣告了，为什么我们还对它抱有希望呢？

分析起来，主要有以下三大原因：

第一个原因是欧洲已跨出改革的第一步。还记得1980年的事情吗？在日本企业咄咄逼人的攻势下，美国企业纷纷破产。美国的失业率上升到将近10%，通货膨胀率达到了14%，银行的最低贷款利率超过了20%。当时，卡特总统宣布美国处于“不适”时期，当时美国的情况正如当前欧洲面临的形势。

但是，如果美国当时就此听天由命的话，后果不堪设想。好在那时，美国人选出了一位性格乐观、永不服输的新总统。这位总统调动了人们的爱国热情（同时也刺激了国防支出）。他大幅减税、倡导创业精神，最终让美国经济走出了低谷。

同样，欧洲也拥有太多的历史积淀、大量的基础设施和过高的期望值，所以，欧洲很容易滑向虚无主义。例如，它的劳动力受教育水平居全世界最高。由于领导人的行动不够果断，人们逐渐流露出对现状的不满。在德国，总理安格拉·默克尔也只是一个“准改革派”。但法国政府为了拉动就业机会的增长，确实做了一些努力，比如改革就业法规，虽然那次改革在一片抗议声中不幸夭折，但至少是走出了第一步。将来在必要的情况下，它很可能会走出第二步。

东欧各国政府出台了许多有利于发展市场经济的政策。在政府的鼓励下，各国纷纷涌现出一批思维活跃、能够超越思想樊篱看到无限机遇的企业家。

第二个原因是，目前的欧洲拥有一批锐意进取的企业领导：雷诺和日产公司的卡洛斯·戈恩（Carlos Ghosn）、梅赛德斯公司的迪特尔·蔡澈（Dieter Zetsche）、西门子公司的克劳斯·克莱因费尔德（Klaus Kleinfeld）。在这里，我们只给大家列出这三个。这些人——当然还包括其他倡导变革的领导——意识到他们的公司面对的是一个全球化的世界，所以，为了保持企业的强大竞争力，他们矢志不渝地推进着自己的变革计划。

老欧洲能够生存的最后一个原因是新欧洲。东欧各国政府出台了许多有利于发展市场经济的政策。在政府的鼓励下，各国纷纷涌现出一批思维活跃、能够超越思想樊篱看到无限机遇的企业家。

例如，有一次在华沙逗留期间，我们就聆听了一位企业人士面对 300 多位其他波兰企业家所做的演讲。他的一番宏论语惊四座，他说："在这儿成本太高，我打算把公司在欧洲的业务外包出去，现在，我正想办法把生产基地放在乌克兰——你们也应该这样！"听众虽然不多，但都在聚精会神地听着，一个个兴奋异常。我觉得，这比对法、德、意三国那些不满于现状的人进行的民意调查结果更能说明欧洲的前途。

说到这里，到底 5 年之后的欧洲会是什么样子？

欧洲不会立刻繁荣起来，但会比现在好一些。在不断涌现的企业领导和企业家的推动下，欧洲最终将成功踏上积极的经济发展之路。然而，很明显，当前很多欧洲人却意识不到这一点，这也是一个可悲之处。

6

外包不是问题所在

我们能不能在美国国内进行一些改革，让我们可以不用再向印度和其他国家外包业务？

——美国佛罗里达州奥兰多市读者

这是不可能的——我们也不应该这样做。

到现在为止，有关外包的争论应该画上一个句号了。首先，这完全是一个竞争策略问题。现在的问题不是怎样停止外包，而是怎样利用外包来提

现在的问题不是怎样停止外包，而是怎样利用外包来提高我们当前和今后在全球市场上的竞争力。

高我们当前和今后在全球市场上的竞争力。

当然，外包的道路也不会一帆风顺，工人失业就是一个非常棘手的问题。但是，我们要从长远的角度来看待失业这个问题，外包不仅仅是世界经济不可缺少的一部分，对于我们也至关重要。

“不可缺少”是因为“经济”的定义就是满足消费者的需求。人们都期望用最低的价格买到质量最高的商品。如果企业不在全世界的范围内寻找成本优势和创新人才，我们就无法满足人们的这种期望。

至于这一切对于美国的冲击，我们似乎不应该对其进行指责。自从 2003 年年中以来，美国经济增长了大约 20%。同时，美国在此期间还增加了 700 万个就业机会，工资的增长率也从 1994 年年初的 1.5% 提升到了 2006 年的 4%。

如果说现在的美国经济存在什么问题的话，那么这个问题不是由于外包引起的就业机会的减少，而是由于移民限制而导致的技术人才的减少。

那些反对外包的人曾预言，美国的技术工作将被大量转移到海外去做。而后来的实际情况是，美国的技术职位不但没有减少，而且还在 1999 年经济泡沫的基础上增加了 17%。难怪目前，绝大多数的政治家都在大力鼓吹全球一体化的整体优势。

如果说现在的美国经济存在什么问题的话，那么这个问题不是由于外包引起的就业机会的减少，而是由于移民限制而导致的技术人才的减少。确实如此，如果国会真想增加美国经济的竞争力，那么它就应该放宽对H-1B签证①的限制，方便更多的高学历人才来美国工作。最好是推出永久绿卡制度，取代整个H-1B签证制度，借此吸引熟练工人进入美国，与美国文化形成一个更为良性的长期关系——最终为我们大家创造一个光明的经济前景。

归根到底，我们用一句话来回答这个问题——忘掉外包，美国目前遇到的是如何进行人才引进的问题。

① H-1B签证：是美国移民局签发给受美国公司雇用的从事专业职位的外籍人士的短期非移民工作签证。——编者注

7

抢占先机，走出国门

传统公司如何改革陈旧的体制、僵化的流程、落后的雇佣机制，才能与大量涌现的竞争对手竞争？

——巴西圣保罗读者

首先，我们做一个假设。假设现在你的公司还没有处在国外竞争对手的包围之中，你还是高枕无忧。

虽然眼下风平浪静，你还是应有思想准备，正是因为这场“战争”没有全面爆发，所以，你现在的工作升迁比你的公司出现被媒体广泛关注的棘手问题时更加困难。组织变革，尤其是全球竞争所要求的“积极进取的新世界”提出的那些变革，只有在人们感到迫在眉睫时才会实施。因为，他们必须要生存下来，这是一种非常强大的推动因素。

如果不是面临危机，人们就会得过且过。处在官僚化企业中的人就像是在洗热水澡，浸在热水中的他们根本不愿意走出去，当然，他们更不想跳入冰凉的冷水中。但是全球化的竞争就是要求人们做出这种激进的改变，就好像是从热水中出来后一下子跳进了冷水里。要想获得全球竞争力，组织必须扁平、迅速、透明，而且，必须进行坦率的交流。同时，我们还要养成一个不断在公司内外探索最佳实践的思维习惯。

既然人们不愿意往冷水里跳，就需要有人在后面推一把。所以，你或其他领导务必竭力推动变革，积极阐述它的重要性——给每个人讲清楚其中的利害关系。只有当你的员工看到新的变化如何能够具体提升公司的竞争力——更重要的是提升自己的竞争力的时候，他们才愿意接受这种变化。

一定要坚持不懈、耐心解释，利用一切可以找得到的证据说明你的观点。你可以寻找所有有关行业发展动力、毛利润、新兴技术的资料，从两个方面阐述你的观点。一个方面是如果我们不进行变革，公司将来会怎么样；另一个方面是如果我们进行变革，公司会有什么发展——结果要么是公司倒闭，要么是公司在国内和国外都获得更多的增长机会；要么是工作难保，要么是更有意义的工作在等待着你；要么是工资待遇一般或下降，要么是每个人都会拿到更多的工资。

要想获得全球竞争力，组织必须扁平、迅速、透明，而且，必须进行坦率的交流。同时，我们还要养成一个不断在公司内外探索最佳实践的思维习惯。

接着，正式开始你的说服工作。你必须不停地讲。如果只听你说了一两遍，人们不相信或不理解某个“坏”消息也是可以理解的。你必须一遍又一遍地向人们重复你的理由，直到你口干舌燥，然后喘口气，接着再重复。

最后，如果你的证据有说服力，人们的行为就会改变；如果你能在他们的行为开始改变之际，公开表扬他们、祝贺他们，这种行为变化的速度就会更快；如果再佐以物质奖励，行为变化将更为理想。

说到员工，还有两种方法可以帮助你进行组织变革。这两种方法可以提升你的企业的竞争力，让它可以自信地面对这个无国界市场带来的挑战。首先，在聘用和提升员工的时候一定注意，要聘用和提升那些完全认同这些变革的根据并愿意积极投入其中的人。其次，一定要逐渐将那些沉迷于过去的好日子、经过苦口婆心的劝说之后仍抵制变革的人打发走。即使这些人能力很强，也要请他们另觅高就。

他们可以到个别不必参与全球竞争的企业里工作。

8

任用本地人才，发挥主场优势

自从捷克共和国和其他中东欧前社会主义国家纷纷向外来投资者打开大门之后，许多外国公司——尤其是美国公司和欧洲公司——都直接派人到那里管理当地的业务。问题是，他们派出去的往往是一些对管理一窍不通的无能之辈。他们只有一个本事，就是会讲他们的母语。他们的工作毫无建树，公司业务只是依靠当地员工的忠诚和工作热情勉强维持。为什么总是会有一些公司犯这么愚蠢的错误？

——捷克布拉格读者

他们不是愚蠢，他们只是感觉不自在。就像是在法国巴黎香榭丽舍大街的麦当劳餐厅吃饭的美国游客，或者在迪士尼乐园里携带着葡萄酒的法国游客一样，他们宁愿要一种自在感，而不在意饭菜是否地道、葡萄酒的味道是否纯正。同样，喜欢按照过去熟悉的老办法行事虽然不是一个值得提倡的管理原则，但确实是人们习惯的行为方式之一。

所以说，你提的问题很有普遍性，这种问题不仅是在中东欧前社会主义国家管理业务的那些人会遇到。从经济全球化的初期开始，公司在开展国外业务的时候就有一种“因循守旧”的趋势。当日本人在美国或其他地区开展业务的时候，他们往往会任命日本人担任最高管理者。德国、英国和其他很多国家的驻外公司，也都是这样运作的。他们往往要任用一个信得过的“自己人”来管理远在海外的业务，尤其是在他们刚刚进入一个国家的初期阶段、对当地市场非常不了解的时候。

这里的“初期阶段”很关键。如果数年之后，这些公司早已克服了“不自在”的感觉，但还要坚持用本国人来管理国外业务，那时候，就会出现你说到的这种问题。这种策略会让公司损失很多宝贵的机会。为什么？因为当地人总是更了解自己的国情。他

最优秀的公司从他们开展国外业务的第一天就开始到处物色本土人才，并用国际培训课程进一步提升他们的管理才能。

们熟悉政府的工作程序和人们的思维习惯；他们知道本国的哪些大学能培养出最优秀的人才；他们能听懂人们在电视上、客厅里、酒吧间、车间里谈论的有关国家政治前景、经济发展的所有内容。他们往往可以轻松自如、游刃有余地协调、管理整个系统。所以说，很多优秀的公司认为，越早让当地管理人员来负责国外业务越好。最优秀的公司从他们开展国外业务的第一天就开始到处物色本土人才，并用国际培训课程进一步提升他们的管理才能，其目的就是为了培养大量的中层管理人员，最终从中挑选本土市场的最高管理者。

当动作迅速的后来者为了扩张市场份额而“挖走”本土管理人才的时候，行动迟缓的公司注定要饱尝人才危机之苦。

毫无疑问，总会有一些行动迟缓的全球企业，不能及时将国外业务的管理权交给本土经理人。最终，当动作迅速的后来者为了扩张市场份额而“挖走”本土管理人才的时候，行动迟缓的公司注定要饱尝人才危机之苦。在蓬勃发展的东欧各国及亚洲国家，抢夺专业管理人才的竞争愈演愈烈。所以，没有一个国外企业会一直让本土员工待在较低的职位上，仰老板之鼻息。如果其他公司能够提供更好的发展前景和未来规划，本土人才就会带着他们的专业知识，毫不犹豫地离开原来不受重视的职位。

现在你知道了，那些“愚蠢”的公司之所以那样做，是因为他们害怕将公司业务交给不可靠的人，才不敢大胆尝试任用本土人才。现在你就不用过分担心了。这个问题属于典型的可以自我修正的问题。到了一定的时候，有眼光的企业自然而然就会让本土经理人执掌帅印——他们也必须这样做。

WINNING THE ANSWERS

关于领导力

当一个好上司

WINNING: THE ANSWERS

听说过那种自以为是、专横跋扈、对待下属颐指气使的上司吗？在现实中，这种上司确实存在，很多公司里都有这样的上司。看完人们通过 e-mail 给我们提出的问题以及他们自己的看法，我们深切地体会到人们是多么热切地渴望成为优秀的领导者。他们想深入下属的内心深处，帮助他们成长，盼望他们获得成功。他们希望建立诚信，赢得尊重，激发团队积极拼搏的斗志。这份热情可以淋漓尽致地用一句话来表达，这句话是南非的一名工程师在第一次被提升为经理的当天通过 e-mail 告诉我的。他是这样说的："我的目标是成为这些下属所能遇见的最好的上司。"

在这一部分，我们的每一个问题和解答都将围绕这个主题展开。

9
优秀的领导者是靠天降英才还是靠后天培养?

是不是每个人都能被培养成高效的领导者——或者说，你觉得那些最有才干的领导者是天生的吗?

——巴西巴西利亚读者

对于一些人来说，“优秀的领导者是靠天降英才还是靠后天培养”这个问题确实很难回答——所以，它往往成为课堂或者宴会上热烈讨论的重要话题。对于直接负责招聘、提升和解雇员工的你来说，回答“谁有领导才能”这个问题更是刻不容缓。正确地回答这个问题，可以将一个组织的文化和绩效提高到一个新的层次；否则，就会导致组织文化和绩效的退步。

这个问题的答案到底是什么？当然，因为我们这里谈论的是现实问题，所以要全面地考虑各种情况。事实上，一方面，有些领导素质确实是天生的，而且这些素质极其重要，对具备这些领导素质的人日后成为领导者起着巨大的作用。另一方面，其他领导素质可以通过后天培养和经验积累获得，而且也只能通过后天培养和经验积累获得。

在深入分析之前，我们先讲一讲我们对领导者的定义。领导者具有 5 个必不可少的重要特征。顺便说一句，这些特征不包括诚实和才智。因为诚实是对所有领导者的要求，才智是在当前复杂的全球市场背景下参与竞争的敲门砖。同时，这 5 个特征也不包括心理成熟，因为这也是领导者参与国际竞争的一种必备素质。诚实、才智、心理成熟，这三个特征是基础——这是大家都知道的事情。

我们说的是这三个特征之外的素质。从我们的经验来看，领导者第一个必不可少的重要特征是极其旺盛的精力——在连续工作很长时间的情况下仍然能保持充沛的精力，不论面临顺境还是逆境，都能以积极、乐观的心态从容面对。第二个重要特征就是能够激励他人，能够把他们的旺盛精力释放出来。第三个重要特征是敏锐、深刻的洞察力——能迅速地对情况做出准确判断，说“是”或“不是”，而不是模棱两可的“也许”。第四个重要特征是执行能力——很简单，就是干实事的能力。第五个（也是最后一个）重要特征是激情，领导者必须热情如火、执着、坚定。

可能你会认为，旺盛的精力和激励他人释放精力二者是密切相关的。这主要是基于人的个性。与此相类似，激情也好像和遗传有关。一些人生来就很热情，具有好奇心；自然而然，他们关心他人，热爱生活，热爱工作。他们天生如此，个性使然。

敏锐、深刻的洞察力和执行能力与其他领导特征有所不同。新员工很少能够完全具备这两种特征，即使中层管理人员也会从这两种特征的培训中受益。但是，培养这两种特征的最好老师是长期磨炼。这是因为敏锐、深刻的洞察力和执行能力在很大程度上取决于自信。当你身经百战，或者了解了果断决策有多么重要时，你就能够果断地做出“是”或“不是”的回答。同样，只有面对现实世界里的真实挑战，经理们才能体会到迅速行动、恪尽职守和达成目标的重要性。他们也会亲身体会到，拖延执行会带来什么样的危害——这种错误绝大多数高效的领导者只会犯一次。

在你招聘管理人员的时候，注意挑选那些精力旺盛、能够激励别人释放其精力、有激情的人，然后，想方设法培养和开发其敏锐、深刻的洞察力和执行能力。

现在我们说一说，领导者到底是天生的还是后天培养的？也许答案你并不会感到意外——二者皆有。所以，最好的办法就是在你招聘管理人员的时候，注意挑选那些精力旺盛、能够激励别人释放其精力、有激情的人，然后，想方设法培养和开发其敏锐、深刻的洞察力和执行能力。在提升下属的时候，要提升那些这5个特征都很明显的人。

你要牢牢记住，虽然不是必须把每个人都培养成领导者，但是，如果你是一个领导者，你就有责任物色和培养那些将来可以成为领导者的下属。

10 领导者的思维方式

> 首先，感谢在我被任命为领导之初，您提出的宝贵建议和给予的热情帮助。这个职位很高，工作也很有挑战性，我不知道应该注意自己的行为举止的哪些方面，怎样做好我的工作。
>
> ——南非兰德博格读者

首先要祝贺你，不是因为你被提升了（虽然这也是一件相当好的事情），而是因为你似乎已经知道，担任领导职务就意味着必须改变过去的行为方式。但很多人疏忽了这一点，他们往往正是由于这一失误，断送了自己的事业。

现实情况是，担任领导之后，你的各个方面都要随之发生改变。

在成为领导之前，成功的全部内涵就是提升你自己，也就是说，你只需考虑你的个人成就、你的个人表现、你对组织的个人贡献。你的职责是：举起手，当叫到你的名字时，站起来说出正确的答案。

当你成为领导之后，情况就不一样了。成功的内涵是提升别人，也就是说，让你的下属更机敏、更成熟、更大胆。除了注意培养和支持你的团队，你还要帮助团队中的每个成员增加自信。作为一个个体，你的行为已不再重要。诚然，和团队其他成员一样，你也会得到别人的注意——但是，你被注意的原因只是因为你的团队获得了成功。换句话说，作为领导，你的成功并不在于你每天在做什么，而在于团队的出色表现“反射”给你的荣耀。

在成为领导之前，成功的全部内涵就是提升你自己；成为领导之后，成功的内涵是提升别人，也就是说，让你的下属更机敏、更成熟、更大胆。

现在，这是一个很大的转变——毫无疑问，这是一个很困难的过程。担任领导之后，你需要彻底转变你的思维方式，你不能再总想着“我怎样才能与众不同”，而应想着“怎样才能让下属把工作做得更好”。有时候，这种思维方式要求你放弃自己二三十年来拼搏进取的精神支柱！毕竟，在你的前半生——从小学一直到你的前一个职位，你一直是在为自己竞争，当你举起手说出正确答案的时候，你就算是赢了。但是，现在的情况是，你之所以被提升到领导位置上，很可能是因为上面的某位领导看中了你的组织才能，使你有机会实现从明星队员到称职教练的成功跨越。

怎样才能成功地实现这个跨越？首先，也是最主要的，就是积极指导你的下属。你要利用一切机会向他们反馈你的看法——不仅仅是在年度或半年度的绩效考核到来之际。在会议、演讲或拜访客户之后，你也要与下属探讨进一步改进的办法。让每一个重大活动都成为帮助他们的机会，与他们进行探讨，告诉他们你对他们当前表现的看法，告诉他们该如何提高。在互相交流的过程中，你要旗帜鲜明地亮出你的观点！一定要直言不讳，这是高效领导者性格特点的一部分。

提升下属能力的另一个办法是深入地关心他们。你要满怀激情地面对生活、面对你们共同进行的工作，并向下属展示你对未来的乐观预期。此外，你要积极关心每个人的绩效和进步情况，并用你的旺盛精力影响周围的每一个人。

总而言之，千万不要忘记——你现在是一个领导。你不能再只想自己，你要想到他们。

11

上司“苛刻”是好事

> 苛刻的上司是不是能从下属身上获得更多的价值？当然，在短期内，他们可以取得不错的业绩；但是，从长远来看，他们是否有助于公司赢得竞争？
>
> ——意大利米兰读者

答案是肯定的。不过，这个问题话中有话！

说它“话中有话”一方面是因为对“苛刻”的含义可以有不同的理解，而你怎样理解“苛刻”这个词对于回答这个问题很重要；另一方面还因为，一位上司是否“苛刻”在很大程度上还取决于你自己的表现。

注意，“苛刻”是一个见仁见智的话题。但是，可以确定的一点是，与那些很费劲才能达到上司要求的员工相比，那些表现最为优秀的员工很少抱怨老板的“苛刻”。虽然这听起来也有些“苛刻”，但事实确实如此。

我们先来谈谈“苛刻”这个词的含义。

毫无疑问，确实有一些苛刻的上司自以为是、横行霸道，对员工粗暴无礼。他们无情地给员工施加重重压力，如果事情办得符合他们的心意，他们就表扬你；否则，他们就会对你破口大骂。这种上司往往很吝啬自己的赞扬和奖励。而且，他们喜怒无常、玩弄手段、遮遮掩掩，或卑鄙下流，或兼而有之。当前，正如你所说，这些上司可以取得不错的业绩，但是，这种情况很少会长久。在任何一个正派的公司里，这些人不是被炒鱿鱼，就是自我毁灭。

与那些很费劲才能达到上司要求的员工相比，那些表现最为优秀的员工很少抱怨老板的“苛刻”。虽然这听起来也有些“苛刻”，但事实确实如此。

但是，上司有各种各样的。我们上面描述的苛刻的、自我破坏型的上司是一种极端的例子。另一种极端对企业也具有同样的危害性，就是那种“大家都满意吗”型的上司。在这样的上司手下工作是一件轻松惬意的事情——薪水来得真是容易——但是，与这种软弱相伴的很可能是低下的业绩。为什么？这至少存在三个隐患：这种颇受“欢迎”的上司对谁都是同样的宽大、和蔼、懦弱；他们总是大事化小，小事化了，从不认真考虑事情的后果；他们往往根据办公室里最后一个人的需要和愿望改变自己的方向。换句话说，他们没有任何敏锐、深刻的洞察力！

在两个极端之间的某个位置——也许更靠近暴戾的那一端，而不是过于温和的那一端，就是对“苛刻”上司的正确理解，因为这种上司能正确地管理员工，让员工创造出优秀的长期业绩。说这种上司是企业的英雄而不是破坏者一点儿也不过分。这个结论可能会让有些人感到“寒意”，但是，这种上司确实能够创造一个健康、公正的工作环境。在这里，员工和公司可以共同成长，“苛刻”的上司可以为那些表现优秀的员工提供稳定的工作，最大限度地为股东创造价值。这不正是你想要的吗？

“苛刻”的上司能使员工和公司共同成长，为那些表现优秀的员工提供稳定的工作，最大限度地为股东创造价值。这不正是你想要的吗？

对于这种上司来说，“苛刻”的含义就是意志坚定。他们设定明确、带有挑战性的目标。他们将这些目标落实到具体的绩效预期之中。他们频繁地进行严格的绩效考核，并对优秀者进行相应的奖励。他们会对绩效最佳的员工给予高度赞扬，并提供最丰厚的奖金予以激励；对于其他绩效水平的员工，他们也会给予相应的表扬和奖金激励；但对于表现最差的员工，他们则不提供任何奖励。他们毫不掩饰自己的看法，让每一个人都清楚自己的绩效情况，让所有人都了解企业的经营状况。每一天，这些“苛刻”的优秀上司都在着力提高下属的能力。他们为员工提出很高的要求，希望员工能够达到他们的要求。

为这样的上司工作是一件非常痛苦的事情吗？当然不是！这正是你的个人能力得以施展的时候。如果你能够以积极的心态正视这一挑战，在这种上司手下工作，你会发现自己的精力出奇地旺盛，因为你可以做到你以前以为自己做不到的事情。但是，如果“苛刻”的上司把要求再抬高到一个你达不到的水平，那么你的感受就会走向反面。出于人的天性，你不会责怪自己，而只会责怪那个“苛刻”的上司。

家得宝（Home Depot）公司的CEO鲍勃·纳德利（Bob Nardelli）的例子最能说明这一问题。鲍勃·纳德利是一个“苛刻”的优秀上司——对下属要求很高，但同时，他办事公正，为人坦率，注重结果。

《商业周刊》曾发表文章高度评价鲍勃·纳德利在家得宝任职的5年期间该公司发生的巨大变化。文章发表之后，该公司先前的一些管理人员纷纷指出“事情的另一面”，他们对鲍勃·纳德利非常不满，认为鲍勃有意在公司里营造一种让人难以忍受的“恐怖文化”。请注意，这些管理人员（不愿透露姓名）都相继离开了这家公司。请好好想一想他们为什么要辞职。

是因为鲍勃太“苛刻”了吗？

还是因为这些管理人员没有能够达到这位意志坚定的上司制定的严格绩效标准？

我们相信原因是后者。这里我们想说的是：苛刻的上司也有优劣之分，孰优孰劣往往旁观者更清楚。

另外，我们显然不是在谈论那些严厉指责、贬低，动辄对下属施以拳脚的极端恶劣的上司。没有人会欢迎他们，他们理应遭到全社会的唾弃。

我们谈论的是那些在两个极端之间的上司——就是那些苛刻却公正、严格、不吝啬，能够对你的不足直言不讳、坦诚相告的上司。

绩效低下的人往往希望这些上司尽快走开，而渴望成长的人却在到处寻找他们。

12
维护公司的价值标准

> 在过去的两年里，我一直是查尔斯的上司。一方面，他总能达到公司的绩效要求；另一方面，他阿谀奉承、自以为是、阳奉阴违、挑拨离间。有时候，我真想把他打发走，可是又一想，如果他走了，这里的工作简直无法想象。
>
> ——美国纽约读者

请直接找他谈话，如果他不愿意改正，就让他走人。如果你一直在公司反复强调正直、坦诚和互相交流的工作理念，那么，你就必须让他走人。如果让这样的人继续待在公司里，无异于告诉其他员工，你反复强调的一切都是口是心非的空话。

注意，如果你希望下属做出某种行为，并且将成功地提倡这种行为作为你在事业和生活上取得成功的一部分，那么，你就必须对实施这种行为的员工给予奖励。

同样重要的是，你必须让那些拒绝实施这种行为的人离开。

有一点非常关键：开掉违背公司价值标准的人，不要在私下里进行。

还有一点非常关键：开掉这种违背公司价值标准的人不要在私下里进行，也不要用这样的借口，如“查尔斯是因为个人原因才离开的，他是想多陪一陪家人”。你应该站起来向大家公开宣布，公司辞退查尔斯是因为他不能遵守公司的某些价值标准。

如果你这样做了，你可以确信的是，接替查尔斯的人肯定会吸取他的前车之鉴；另外，如果你能够这样做，就没有人会再怀疑你推行这些价值标准的决心了。

现在，显而易见的是，所有的公司都青睐那些工作能力极强的员工，就像查尔斯这样的人。但你的目标是确保员工通过正当的方式完成公司的绩效指标——谁也不应该踩着别人往上爬。如果你继续将这种人留在公司里，你只能营造一种相互嫉恨和恐惧的氛围。虽然，在这种文化氛围之下，你也可以取得一些成绩，但这种日子不会长久。

所以，请下定决心，把查尔斯打发走。虽然这暂时会给你的工作带来一些困难，但是，你很快就会发现意外的收获——正是由于你旗帜鲜明地维护了你的价值标准，团队中其他成员的绩效将大为改观。

13 让破坏价值观的人走开

作为一家小企业，我们遇到了很多初创企业经常遇到的问题，比如现金流问题。但是，目前我们遇到的最大问题是有关我们的总经理马克的。马克刚刚搞砸了一个大项目，而且，他似乎对自己一手造成的这一严重后果不以为然。直觉告诉我，应该让马克另谋高就了，但是如果马克离开的话，至少在离开初期，公司会元气大伤。马克是一位技术专家，从公司筹建时起，他就一直在公司工作。可是，他的管理方式和表里不一、营私舞弊的做法实在让人无法接受。马克认为，鉴于他在公司10年的工作资历和他对公司的“忠诚”，公司不会把他怎么样。他的想法也在理，不过，我认为工作表现更为重要。现在，我该怎么办?

——南非约翰内斯堡读者

在辞退员工方面，小公司往往要面临更多的不利因素。大公司可以推迟做出这种决定，而小公司不能；再说，在大公司里，很多人都可以替同事纠正错误。还有，当大公司里的某个员工被辞退的时候，他的离开很可能不会引起太多的注意，不会对其他员工、整个公司和工作带来重大影响。但是，对于小公司来说，情况就大不相同了。如果由于员工吊儿郎当而导致工作上的失误，这种失误对公司的打击往往是致命的。同样糟糕的是，当这些员工离开公司的时候，总是存在某种依依不舍的强烈的个人感情，部门里的气氛就像是家里有人去世似的。这还没有算上这些员工的离开对工作造成的不利影响。即使被开除的员工一无是处，他的离开也会对公司的工作造成重大的影响，这还不包括对客户关系的影响。

天底下只有4种经理人，划分的依据是他们的表现如何，即是否能够圆满地完成公司指标和是否能够遵循优秀的价值观。

即使是这样，你也应相信你的直觉，必须让马克走人。

其实，天底下只有4种经理人，划分的依据是他们的表现如何，即是否能够圆满地完成公司指标和是否能够遵循优秀的价值观，比如坦率和积极地回应客户。对于第一种经理人，即能够出色地完成公司指标，并且能坚持遵循优秀的价值观的经理人，你应该利用一切机会表扬和奖励他们。对于第二种经理人，即公司指标完成状况不佳却能遵循优秀的价值观的经理人，你还可以再给他们一个机会，可以将他们留在原来的部门，也可以将他们调往另一个部门。第三种经理人是公司指标完成得相当理想，但价值观的遵循情况却非常恶劣，这样的经理人往往对组织有很大危害；他们能够圆满完成公司指标，但是他们往往占有下属的劳动成果。很多公司里都有这样的人，他们在完成公司指标的同时，肆意地破坏着公司的理念和信任。但是，这不完全是你的问题。

至于马克，他是那种最容易区分的经理人（即第四种经理人）。他在绩效和遵循价值观两个方面的表现都很差。你提到的“表里不一”就是一个证据。他不但做砸了一个大项目，而且还营私舞弊、玩弄手段。他说对公司“忠诚”，可是，看来事实并非如此。

注意，该当机立断了。在找到马克的接任者之前，你很可能会舍不得他的专业技术能力；但是当你最终做出了决定之后，你就会后悔为什么没有早点迈出这一步了。

14
勇敢地做一个变革推动者

> 我没有多少管理经验。8个月前，我被提升为一个学习和开发部门的领导。这个部门里一共有7个人，他们的年龄都比我大，在这个公司的工作年限都比我长。对了，这是一个全球性的自然资源公司。他们的责任心很差，经常因为一些个人的小事请假，工作效率很低。但公司里实行的是弹性工作制，在这种情况下，我怎么能拒绝他们没完没了的请假?
>
> ——南非开普敦读者

我有一个问题要问你：你有多大勇气？因为你必须在部门里进行一场艰难的变革活动。之所以艰难，是因为你必须对部门进行彻底改造，并且，即使部门完成了改造工作，你也必须让个别人离开。

虽然你没有提到，但是我能想得到，你的组织里缺少三个极其重要的组织要素：一个能够激励士气的使命、一套鲜明的价值观和一套严格的评估体系。

使命是为了清楚地阐明之所以成立这个部门的首要目的，可以让你的下属有一种自豪感和紧迫感；价值观描述的是人们必须怎样做才能实现上述使命。（顺便说一句，价值观的另外一个表述方式就是“行为”。）比如，在你所在的学习和开发部门，部门的价值观就应该包括“将所有的日常工作与市场的变化联系起来”或“向公司的每一个角落传播最佳实践的方法”。不管价值观的内容是什么，它都必须具体、真实。最后，公正、严格的评估体系（开始的时候至少每两年进行一次评估）可以让人们了解自己的绩效情况和价值观的遵循情况。顺便说一句，评估体系必须能够把评估对象的绩效拉开档次，否则没有任何意义。换句话说，它必须能够作为一个依据，以此对那些落实新的使命和价值观的员工进行表扬、加薪和提升，对于达不到要求的员工，则采取相反的措施。

三个极其重要的组织要素：一个能够激励士气的使命、一套鲜明的价值观和一套严格的评估体系。

我们上面描述的变革活动可以给一个组织带来天翻地覆的变

化，但是，它需要时间和钢铁般的意志才能获得成功，对于像你们那么小的部门也是如此。但是，一旦你确定了使命、价值观和评估体系，并不懈地进行宣传，下属就会清楚怎样才能获得成功。这样，下属就不会因为自己的私事频繁地向你请假了。为什么？只要让他们清楚，请假是可以的——只要你的绩效和价值观为你“做主”。最后，你就会看到，下属的责任心和工作效率将大幅提高。但是，往往有个别人不愿意改变原来的行事方法，即使你百般鼓励、悉心指导也无济于事。对于这样的下属，不要再做无谓的等待，告诉他们，让他们离开这个组织，去找一个能够接受他们的价值观的地方，他们不属于你这个组织。

评估体系必须能够把评估对象的绩效拉开档次，否则没有任何意义。

现在，我们明白了，你所供职的组织是一个拥有自己的文化和惯例的大公司。我们经常收到人们的来信，向我们描述同样的苦恼——“我什么也改变不了，因为这里不欢迎新事物”或“上司不支持我”。

我们同情他们，但不同意他们的看法。是的，你可能是受到了众人的排挤，但是根据我们的经验，对于一个组织，尤其是对于这个组织的老板来说，他们很少会拒绝一个能够提高绩效和工作效率的方案。很少有人会开除一个公司指标完成得很好的团队成员，他们可能会忌妒，但是，他们并不傻。

不过，即使公司认为你的方案“不合常规”，也不要放弃。要审时度势地处理这个问题，让所有人都清楚实施这一变革方案的利害关系。让上司知道你的想法，同时，更要让你的下属清楚你的想法。最后，一定要坚持不懈。总有个别人要抵制变革，这很正常——他们经常如此。但是，随着变革的成效逐步显现，新方案的科学性将不言自明。要知道，事实胜于雄辩。

15

与变革抵制者较量

> 8个月以来，我一直在管理着一个很有潜力的公司，但是现在，我遇到了很多麻烦。一些在年龄上长我十几岁、拥有15年工作资历的管理人员不愿意改变原有的工作方法。我花了4个多月时间，才勉强让其中的几个人有所改变。我应该怎么办？
>
> ——墨西哥城读者

首先，你可以把节奏放得慢一点。要想改变大多数人早晨喝咖啡的习惯，4个月的时间都显得太短，何况你要改变的是人们一直认为行之有效的工作方式。

但是，这并不意味着你应该停止推动这一变革。实际上，即使调整你的时间安排，你也要相信自己肯定能够找到一个可以说服所有下属的“绝妙”愿景。这里的“绝妙”愿景指的是一个令人振奋的公司前景，但是，需要注意的是，这一愿景必须能够回答人们在任何一个变革活动中所关心的问题：“嘿，这对我有什么好处？”你可以告诉他，他的工作将更加稳定、薪水会增加、提升的机会将更多——或者三者皆有。记住，每次和他们提到公司需要进行战略变革的时候，你都要有意无意地透露出这一信息，即这一战略变革可以为个人发展带来积极影响。即使是年长和资深的员工，他们也愿意听到这方面的信息。

接下来，当变革方案初见成效的时候，比如，销售额有所增加，或者是客户数量有所增加时，你要及时兑现你的诺言，即增加薪水、给予额外的奖励，或是立即提升表现优秀的员工。在迅速克服变革阻力方面，没有什么东西能比得上由此带来的成绩，尤其是当这种成绩能够提升参与者的生活质量和促进事业发展的时候。

当固执己见的变革抵制者离开时，一定不要把原因轻描淡写地解释为“个人原因”。你必须让每一个人都知道，他们之所以必须离开，就是因为他们不能接受新的愿景。

确实有一些人生来就不能容忍变化。不管你怎样摆事实、讲道理，告诉他们你的愿景会给他们带来好处，他们就是不相信。好在这种顽固不化的人毕竟是极少数。据我们估计，10% 的员工是天生的“变革推动者”，能够积极、乐观地接受新事物；接下来的 75% 左右的员工虽然可能不会走在变革队伍的前列，但是他们一旦理解了变革的必要性，他们就会说“好的，有道理，我们就这样做”；剩下的就是抵制变革的人，他们在感情上、智力上，或者是处事方式上抱残守缺、墨守成规。

抵制变革的人必须离开。在他们离开之际，你一定不要把他们离开的原因轻描淡写地解释为“个人原因”。这种虚假的安慰对于组织没有任何好处。当这些固执己见的变革抵制者离开的时候，你必须让每一个人都知道，他们之所以必须离开，就是因为他们不能接受新的愿景。你可以祝福他们，帮助他们寻找合适的工作，但是，你必须明确地告诉大家，不接受公司未来愿景的人就不能继续留在组织里——一定要注意这一点。

大多数变革方案都需要一年时间才能显示出它的推动效果——也就是说，推行改革方案一年之后，人们才能感觉到它的实际影响，才能知道变革的真正意义。如果你有一个令人信服的案例和旺盛的精力，大多数团队成员都会接受你的方案，甚至是一些现在看来有抵触情绪的“老字辈”员工。

16
从上至下打造诚信

有没有一个在组织里营造诚信氛围的简单方法？

——南非约翰内斯堡读者

有的，很简单：直言相告，言出必行！

诚信的逐渐破坏和消失通常有两种情况。第一种情况是人们彼此之间不说真话；他们总是粉饰那些“坏”消息；他们想办法用各种难懂的术语故意淡化存在的问题，推脱自己的责任。在组织里打造诚信的唯一办法是，公司的高层领导将诚信确定为该组织的最高价值标准，始终实践这一标准，并且对追随者进行奖励。

扼杀信任的第二种情况是言行不一。同样，公司的高层领导是主要的责任者。他们要下属敢于冒险，但是在下属冒险失败之后却又暴跳如雷；他们同意减少营销开支，鼓励人们进行创新，可是，年终销售额稍有下降，他们就对员工进行处罚，即使实际销售额相当不错时也是如此；他们口头上大力提倡重视客户服务，但是为了完成月度销售指标，却将带有瑕疵的产品交给客户；最糟糕的是，他们一边信誓旦旦地强调着公司的价值观，一边又留着并奖励那些虽然完成公司任务却公然破坏这些价值观的员工。这些行为都告诉人们：我说的都不算数，换句话说——不要相信我。

在组织里打造诚信的唯一办法是，公司的高层领导将诚信确定为该组织的最高价值标准，始终实践这一标准，并且对追随者进行奖励。

其实，打造诚信并不困难，你手中的工具就是语言和行动，还有二者的统一。

17
危险的升迁陷阱

以前，我有 4 年时间在管理着一个大型的全国性连锁店的一家分店；最近，我获得了提升，负责监督这个连锁集团分布在两个国家的所有连锁店。但是我发现，真是积习难改——与所有连锁店的总体经营状况相比，我总是特别不放心我从前管理的那家分店的经营情况。有什么好的建议吗？

——美国纽约亨廷顿区读者

你说出了问题的实质，这好极了！大多数遇到这个问题的人都不敢相信这一点，即他们陷入了一个极其常见的升迁陷阱里——他们在兴高采烈地谈论着升任新职位的同时，心思还没有完全离开原来的职位。

现实情况是，随着你的提升，两个人获得了新的工作：你和接替你工作的那个人。作为领导，你的任务是尽情释放你们两个人的聪明才智。但是，如果你把宝贵的时间和精力都用在“回家看看”上，你和你的接任者就都没法做到这一点。

你应该调整自己的心态，设法了解你面对的这一更为宽广的新领域，并对自己提出更高的要求。

首先，调整你的思维角度，将你负责的所有分店都看作实验室。事实也确实如此。虽然每家分店的业务大同小异，但是其中一些分店肯定有一些更为有效的独特方法或流程。你的工作是发现这些最佳方法，并在所有分店中把它们作为像氧气和氢气一样重要的东西进行推广。在新的职位上，你担负着新的职责，这就要求你负责的所有分店互相交流彼此的最佳创意，然后推广和继续完善这些创意。这比你不放心地监视某个人更能为公司创造价值。

在新的职位上，你担负着新的职责，这就要求你负责的所有分店互相交流彼此的最佳创意，然后推广和继续完善这些创意。这比你不放心地监视某个人更能为公司创造价值。

透明是提高自我要求的第二个工具。你已经知道哪些衡量标准有助于提高这一行业的绩效——存货周转率、每平方英尺的销售额、有关客户满意度的一些关键指标。如果以前你没有定期公布这些衡量标准，那么现在马上改过来，保证让每家分店——不论是绩效最好的还是最差的分店——都能看到它们在所有分店中的排名情况。这种透明的做法能够起到良好的效果。这种方式既可以公开表扬和激励绩效最理想的分店，同时，对于绩效较差的分店来说，又可以起到警示钟的作用，提醒它们必须探索更有效的新方法来提高绩效。换句话说，这种方法可以支持和促进整个组织的持续学习和进步。

提高对自己的要求、避免自己的心思还留在原来职位上的最后一个办法是：迅速行动，定期对手下所有经理人的绩效进行严格的评估。绩效评估包括定性评估和定量评估两个方面。定性评估的主要内容是人们遵循既定的优秀价值观（即行为）的情况如何，比如，向其他分店传授和吸收其他分店新点子的情况如何。定量评估则是在透明的绩效评估体系的基础之上进行的。两种评估方式相结合，可以为你提供很多重要依据，你可以据此重奖那些优秀的下属，帮助和指导那些表现普通的员工，将那些表现最差的员工清理出你的组织。最终结果是——提高每个人的绩效水平。

现在，你的职位比以前更高了。更重要的是，你现在的职责与以往已大不相同。你现在的工作很多，但是不包括你过去的工作职责。把过去的那份工作交给你的继任者吧，让他想办法以自己的方式打造“新的辉煌”。

18
激励下属的方法

在我们公司里，当前面临的最大挑战就是怎样激励下属。在这方面，有没有什么理想的办法？

——博茨瓦纳哈博罗内读者

你是说，除了金钱以外？

我们假设除了金钱之外，确实存在其他激励方法。因为作为一位上司，你肯定目睹过金钱在点燃热情之火方面是多么有效——即使对于那些自称根本不在乎金钱的人来说亦是如此！在激励员工方面，金钱的作用的确不可小觑，这已经是不争的事实，在这里我们就不赘述了。我们也不打算详细介绍另外两个大家早已熟知的激励

漂亮的礼物只会积累灰尘，但是支票却很快可以兑现。

因素：有趣的工作内容和融洽的同事关系。你也肯定清楚，这些条件对于员工全身心地投入工作是多么重要。和金钱一样，这两个因素在激励员工努力工作方面的效果也是显而易见的。

如果这三个人人都可以想到的因素就是员工激励的全部内涵，那么你也不会感到面临的挑战如此严峻。

还有什么办法可以解决这个问题？庆幸的是，这里还有 4 个激励工具，每个都和金钱没有关系，但每个都非常有效。

第一个工具很简单：赞扬。当一个员工或团队做了一件了不起的事情时，你要立刻给予热情的表扬。除了当众进行表扬之外，还要将这件事挂在嘴边，一有机会就提起它。同时，你还要对相关的所有员工进行奖励。

这些日子，当我们向一些企业团体提出这个建议时，对方几乎异口同声地提出他们关心的问题：那些没有受到表扬的员工怎么办？他们认为这样做可能会伤害那些员工的自尊，打击他们的工作热情。这是毫无根据的。如果真是如此，那等于在迁就不思进取的人！如果公司的员工队伍很理想——个个能力不凡、乐观向上，那么当众赞扬只会激励大家向更高的目标前进。

我们再谈一谈赞扬这种方式，尤其是通过赠送一些小玩意儿进行的赞扬。这类小东西当然不错，但要记住，这些东西不能代替金钱，它们只是金钱激励的补充。漂亮的礼物只会积累灰尘，但是支票却很快可以兑现。

第二个工具也很简单，但表面上看似很难，这个工具就是庆祝。我们之所以这么说，是因为在我们去过的所有地方，我们都向当地读者提过这个问题。我们问，员工取得成绩之后，公司是否像样地庆祝过？结果呢，回答“是”的往往仅占被问者的1/10。多可惜啊！取得了成绩之后就马上庆祝，这是一种激励员工不断向前迈进的有效策略。在这里，我们讲的庆祝不仅仅是针对重大成就，也可以是获得了一个大订单，或是发现了一个可以提高效率或客户满意度的新方法等里程碑似的成就。庆祝的机会几乎俯拾皆是，所有这些小的庆祝都是激励团队迎接新挑战的好机会。

庆祝活动不需要搞得太过花哨，也不必投入太多金钱。毕竟，庆祝只是赞扬员工的一种形式，只不过是加入了更多的娱乐成分而已。你可以给优秀员工一个惊喜，安排他们下午去吃烧烤，也可以赠送他们棒球比赛的球票或电影票。如果获得祝贺的员工人数不多，你还可以给他们放假，让他们带着家人去迪士尼乐园、圣迭戈动物园游玩，或观看玫瑰花车大游行。

现在，我们来看看庆祝活动要注意的问题：不能为了庆祝而请员工出去吃饭。没有比听到上司说“干得好，今晚我请大家去大饭店吃饭”更让员工感觉不好的了。注意，员工与你待了一整天，也许他们很喜欢你，但是，对员工的激励不能体现为在工作结束之后还“强迫”员工与你在一起，即使饭菜非常高档也是如此。

接下来的这个激励工具也非常有效，但是它只能在你非常清楚自己使命的前提下使用。你可能会问：“难道还有不清楚自己使命的上司吗？”其实，这样的上司并不鲜见。在过去长达数年的旅行过程中，我们发现很多领导者疲于应付各种日常繁杂的事务，而将自己的重要使命抛在了脑后。

当然，这也在所难免，因为有时候，眼前急需处理的各种紧急事情确实能分散人的注意力。但是，要想往前走，一个团队必须理解并高度认同和接受自己的前进方向。团队需要一个一致的目的，需要集体目标意识，而这正是一个重要使命能够提供的：一个能够充实下属身心的、内容鲜明的、令人振奋的信条。一个有使命的组织在面对困难的时候，上司会说：“让我们一起翻越高山！”上司可以用这句话来召集下属，并鼓舞团队的士气。

最后一个激励工具可能是最难以运用的。确实，很多高明的领导就具有这方面的才能，他们运用这种激励工具就像是运用他们的“触觉”一样；但是，对于那些经验不够丰富的领导来说，他们很难运用这个工具。

这个工具指的就是创造一种成绩和挑战相平衡的工作环境。一方面，人们需要一种由工作唤起的成就感；另一方面，如果他们没有一种在接受测试的感觉——也就是说，如果他们现在不再学习和成长——他们就会腻烦。换句话说，当人们感觉到他们在山顶但似乎仍在向上攀爬的时候，人们就会有一种激励感。

如果上司能够为员工提供这种具有内在“推力和拉力”的工作，那么这种上司就具有强大的竞争优势，下属的潜力就会得到超常的发掘，这可以明显地从他们的绩效里体现出来。

现在，我们回到金钱激励的话题。

当然，有一些人确实不为金钱激励所动，但是应该看到，这些人一般在事业发展上的进取心不强。所以，在想到员工激励的时候，首先还是应该考虑金钱激励。

但是应该注意的是，有时候，金钱激励并不是说你奖励了下属多少钱，而是相对于他们的同事或同行来说，他们得到了多少。最近，我们与一个熟识的投资银行家谈话时，我们问他今年的业务情况如何，他表示对今年收到的奖金非常满意，同样让他兴奋不已的是，经过他的努力，他现在的业务能力可以和公司里那些最优秀的同事相媲美。金钱奖励是一种保留方法，但是，做出“谁的表现更好或最好”的评判却往往能让人们再接再厉。

也就是说，即使是投资银行家（至少是一些投资银行家）关心的

其实，优秀的人才很少只是为了金钱而长期从事某个工作，他们追求的是金钱再加上某些感觉——他们很看重的某些感觉。

也不仅仅是金钱。其实，优秀的人才很少只是为了金钱而长期从事某个工作，他们追求的是金钱再加上某些感觉——他们很看重的某些感觉。首先，人们想知道，他们每天需要在 8 小时之内做什么，但更重要的是，这个工作对于他意味着什么。庆幸的是，你可以利用公开赞扬、工作中的乐趣、激励人心的目标和勇于面对挑战的成就感等工具向他们传递工作的意义。

除了金钱之外，上司还可以给员工很多东西，虽然这些东西是免费的，但是，员工的回报却是无价的。

19

让下属认可你的升职

我刚刚被提升为我所在部门的经理。请问我怎样才能顺利实现这个角色的转变，有没有什么好的建议？

——美国加利福尼亚州福尔瑟姆读者

建议是有的——在部门内进行一次竞选活动。公司的高层刚任命你当经理，这是一件可喜可贺的事情，但现在的难题是：你必须进行一次部门内的竞选，让你昔日的同事心悦诚服地选你当上司。

这可不是一般的难题，这个难题很难解决。事实上，这种从普通员工到管理人员的过渡是你的管理生涯中最微妙、最复杂的阶段之一。数月甚至数年以来，你一直与这些同事们一起工作，你们把对方当成朋友、知己，甚至是受同一个上司“压迫”的倾诉对象。你知道同事的很多秘密，你也讲出去了一些秘密。你对同事之间的所有矛盾和芥蒂了如指掌。你可能曾经和你最要好的同事一起坐在机场候机厅里等候班机，在周末一起去吃烧烤，一起在背地里给部门里的其他人打分。你可能在要好的同事面前大发感慨，说假如你是部门主管，你会打发某某人走，让某某人留下来，还大谈你的“施政纲领”。

从普通员工到管理人员的过渡是你的管理生涯中最微妙、最复杂的阶段之一。

现在，你就是部门经理。

当然，一些先前的同事会为你的提升欢呼雀跃，热情地支持你，唯你马首是瞻。这种感觉让人非常惬意。但是，不要被他们的支持冲昏头脑，做出让你悔之不及的事情——也就是说，不要带着冒着烟的枪从门口走出来，而应将它稳稳地插进枪套里。

为什么？因为既然可能有人为你欢呼，就有可能有人不这样做。也许，你认为你是这一职位的最佳人选，也许过去你的人缘很好，但是，总有一些先前的同事会对你的提升感到很不舒服。他们中的个别人也想得到这个职位，且原本以为这个提升机会会降临在自己身上，所以，他们现在感觉异常失落和痛苦。另外的人则存在不同程度的担心，因为，你从此就不再是“我们的人”，而是“他们的人”了，更不要说你从前对他们中的某些人和某些做事方法的看法了（包括他们知道的和猜测的）。在这两种情况中，这些先前的同事都在拭目以待，暗自观察你的能力。

你也应该采取同样的方法，先等待一下，观察观察他们。事实上，你需要观察的东西很多。

这就是你为什么要发动竞选的原因——说服他们。你必须营造一种稳定、具有凝聚力的团队氛围，只有这样，每个人才能对未来出现的问题做出正确判断。

注意，担任领导之际，你要极力避免推出引发巨大变化的措施，避免大批员工离开，甚至不要让员工怀有不满的情绪。你要让他们打消疑虑、安心工作。道理很简单，如果将来要进行什么变革的话，你希望下属能够服从你的领导。换句话说，你希望将来进行的变革能够获得所有团队成员的完全理解和衷心支持，而不希望看到他们的抵制、怀疑与犹豫。

顺便说一下，在上任伊始就对团队进行大刀阔斧的调整，对你在这个组织将来的发展和地位的提升没有什么好处。你不如做一个“和平爱好者”，只有当团队准备为他们所笃信的使命战斗的时候，你才迅速采取行动。

所以，你必须进行竞选。

可是，难就难在这里：一方面，你要参与竞选；另一方面，还不能让竞选活动影响新赋予你的权力。你必须一边担任着这个职务，行使你必须行使的全部职责，一边来竞聘这个职位。

这就是最困难的地方，即我们前面说到的"难题"，你要一边竞选，一边扮演领导者的角色。这是从员工过渡为管理人员所必须经历的问题。

一切走上正轨只是时间问题。

但这种大度、绅士的竞选活动不能持续太长时间。在实际操作中，一般为三个月，最长不超过6个月。到时候，如果你还没有赢得先前同事的一张、两张或三张选票，那你就永远不会赢得他们的选票。事实上，如果竞选持续的时间太长，你的攻势就会越来越弱，竞选效率也会越来越低，因为后来的这种竞争活动已经起不到任何积极作用了，只能让你更加疲惫。所以，就此停止，把精力和注意力放在更重要的事情上。将那些顽固不化的抵制者清除出去，将那些完全认同你变革措施的人吸收进你的团队。

在上任伊始就对团队进行大刀阔斧的调整，对你在这个组织将来的发展和地位的提升没有什么好处。

要充分利用你的优势。

20
打破权利文化

> 我经营着一家 14 个人的公司，我对公司员工非常好——为他们的生日、孩子出生、结婚举办派对。无论在个人事务上还是在专业技能上，我都非常关心他们。可是，他们还是不停地抱怨，说我在做样子，不是发自内心的感谢……我简直快要疯了，好像我怎么做都不能让他们满意。
>
> ——南非开普敦读者

不要进行这种无谓的尝试了。你用最良好的意愿营造了一个典型的权利文化，在这种文化的影响下，你的那些员工把发牌的顺序弄反了——他们认为你在为他们工作。

这个现象并不罕见。这种趋势在小企业里更为普遍。在小企业里，员工更容易与上司建立比较随便的、类似一个大家庭的关系，而且这些上司本人也往往有意无意地模糊了上下级的界线。

最后，这种亲密关系终于结出苦果。员工对你怨声载道、牢骚满腹。

你当初是怎么一步步地走入现在的这种困境已经不重要，重要的是怎样迅速地从这个困境中走出去。你需要认真面对的第一个人就是你自己。你经营的是一个企业，不是社交俱乐部或心理咨询机构。你最重要的职责是抢占市场，不断地发掘员工的工作能力，为他们提供更多的发展机会。当然，你希望员工满意，这也无可厚非，但是，员工满意应该以公司发展为前提，而不能用百依百顺、低三下四的办法来换取。只有公司在他们的努力下获得了长足发展，他们才会得到真正的实惠，不管是在个人生活方面还是在专业技能方面。

让我们按这种思路想一个好的办法。

把你的所有员工叫到一起，把自己转变看法的经过告诉他们，希望他们也能够转变自己的看法。然后，你和员工一起列出有助于促进公司发展的所有行为，再将这些行为当作公司新的价值标准——公司的方针，并认真执行。例如，其中的一个价值标准可以是：对于客户的要求，要立刻做出反应；或是，必须向客户提供零缺陷产品。这样做的原因很简单：让你的员工知道工作就是……

哦，工作就是工作。

可以想象，在终止目前的权利文化的过程中，你肯定会听到一些不满的声音，甚至一些你一直很看重的人还会拂袖而去。你要坦然面对他们的不满，祝愿他们找到更好的工作。

只有公司在所有员工的努力下获得了长足发展，他们才会得到真正的实惠，不管是在个人生活方面还是在专业技能方面。

那些不满的员工很快就会发现，其他公司的情况并不像他们想象的那样理想。你会发现，当他们不再抱怨、全力投入市场竞争的时候，公司的运营效率也有了明显的提高。

21

新工作不一定要用旧班底

我刚受雇于一家新公司，在那里担任领导职务。我真想把我以前部门里的一些人带过来，我们在一起肯定合作得很好，并且他们懂技术。您觉得呢？

——印度班加罗尔读者

这个想法听起来不错，但你要慎重行事，也就是说，要视情况而定。

如果你现在管理的这家公司面临严重困境，需要迅速扭转局势，而员工又囿于过去的公司文化而拒绝变革，这时候，如果你把过去那些工作能力强而又可靠的同事带过来与你并肩作战，不失为一个明智之举。有了他们的大力支持，你的变革工作可以更加迅速、更加顺利地进行。基于你们在过去一起工作的过程中达成的默契，你未来的工作也会轻松很多。

但是，如果你受雇管理的是一家情况相对来说比较好，只是需要对员工稍加激励就可以产生明显起色的企业，这时候，把过去的几个老同事带过来很可能适得其反。对一个运作正常的组织来说，最容易熄灭员工工作热情的事情就是领导经常借助外面的心腹来密谋对付公司内部的员工。“在以前的那个公司里，我们就是这样做的。”这是最糟糕的说辞，这种说法和做法会在公司内部造成“两权社会”，一边是上司的心腹，一边是不受上司信任的先前那个公司的员工。

对一个运作正常的组织来说，最容易熄灭员工工作热情的事情就是领导经常借助外面的心腹来密谋对付公司内部的员工。

归根到底，你应该先调查“地形”。如果你需要迅速扭转公司的状况却受到一些人的强烈抵制，你就可以将过去的同事吸收进来。但是，如果你面临的形势并不严峻，你最好从现有的员工中物色优秀的成员，赋予他们新的目标感。你可能会想念你以前的同事，但你肯定不会想念他们可能给你带来的麻烦。

22 怎样应对比你能干的下属

我很想听一听您的建议——这种情况您也可能经历过：怎样管理能力出众的员工。您又不能把自己解雇，所以，有什么好办法吗？您会隐瞒这个员工的绩效吗？或者说，希望组织不知道您的下属比您能干？

——美国加利福尼亚州奥伦奇读者

你或许应该祝贺一下。

对于上司来说，最理想的事情就是（你说得对，我也经历过这样的情况）拥有比你反应更快、点子更多，或者说在某些方面比你更能干的下属。这就像买奖券一样，你突然发现团队里冒出一个可能会提高所有团队成员的绩效和影响的队员。

其中包括你。

是的，你的这种感觉很自然——你担心这个“能力出众”的员工会让你相形见绌，也许你还担心他会影响你的发展。但实际情况往往恰恰相反。

原因是，一般来说，评判领导的业绩不是看他个人的贡献。像评估普通员工一样评估领导个人的贡献有什么意义呢？在评判大多数领导的业绩时，我们一般看他们在个人和集体两个层面雇用、培养和激励员工的效果如何——所有这些都会从最后的结果中体现出来。所以，在你雇用了优秀员工、释放了他们的工作热情时，你不应该有失落感，因为你就像是一只能下金蛋的鹅。

你大可继续下“金蛋”。没有一个公司不欢迎能够为他们挖掘出优秀的员工并为这些员工营造良好发展环境的领导。你可能不是最擅长此道的领导，但是如果你能不懈地展示这种领导技巧，人们会认为你是公司里最善于发掘和培养人才的人，那么你的事业成功之日就指日可待了。

我们并不是说，管理“出众”的员工是一件很轻松的事情。事实上，你的问题让我想起几年前芝加哥的一位读者提出的问题。他说在他的7个直接下属中，有两个下属的能力要比他强，他问我他该怎样评估他们的绩效。

“其他5个人怎么样？”我们从这个问题上找到了解决问题的

突破口。我们来考虑考虑他提出的这个问题，到底怎样来评估那些你感觉比你有能力的员工？

你不用这样，我的意思是，你不要评判他们的才智和独到的技术。当然，你可以谈论他们的业绩，但同样重要的是，你必须关注他们是否还有提升空间的地方。这已经不是什么秘密——即使是一些能力很强的人也可能有欠缺的地方，比如，难以与同事相处、听不进去其他人的建议。另外，他们中的个别人想成为领导，而这正是展示你的经验和自信的地方，你的指导可以给他们带来巨大帮助。

在你雇用了优秀员工、释放了他们的工作热情时，你不应该有失落感，因为你就像是一只能下金蛋的鹅。

可见，管理能力出众的员工和管理普通员工没什么两样。在庆祝他们成长的过程中，你也会学到许许多多的东西——你的担心完全是多余的。

WINNING THE ANSWERS

关于管理的原则与实践

怎样带领企业走向成功

WINNING: THE ANSWERS

我们知道，当老板是一回事，管理企业是另一回事。要想让企业获得发展，我们就不得不遵循一些原则和惯例。

没错——这些原则和标准惯例有哪些？这就是这一部分要尽量解决的基本问题。这里用了“尽量解决”，因为坦率直言和差别化管理等原则和战略、预算和人力资源等方面的惯例都是有争议的。拿“坦率直言”来说，在我们去过的所有国家（包括美国）里，都有人质疑它的“合理性”，更不要说它的实用性。但是，我们可以就管理的任何一个方面进行深入探讨，同时，也有必要这样做，因为只有这样做，企业管理才能更上一层楼。在接下来的内容里，我们就和大家一起讨论其中的一些问题。

23

网罗最优秀的人才

根据您的经验，将一个企业发展成为众多求职者心目中的“首选企业”的三个最重要的因素是什么？还有，这个过程具体需要多长时间？

——美国伊利诺伊州芝加哥读者

你问的是“三个因素”，但是，很多“明星企业”之所以能获得众多求职者心目中的首选企业这一“大奖”，依靠的重要成功因素却是6个。说它是一项“大奖”，是因为如果人们都渴望在你的公司工作，那你就获得了赢得比赛所需要的最强大的竞争优势——招募和派出最佳球队的能力。

在告诉你到达那个幸运之地的6条道路之前，我们先回答第二个问题——成为首选企业的过程需要多长时间。

答案很可能是几年，也可能是10年或更长时间。这和公司树立自己的声誉一样——公司需要公布一个又一个年度报告，发表一个又一个创业事迹，经历一次又一次危机（因为每个公司都至少要经历一两次危机），走出一个又一个低谷。IBM公司（国际商业机器公司）可能用了大约30年，终于在20世纪70年代拥有了所在行业的“黄金标准”，但该公司在遭遇挫折的10年里又失去了这一标准，又过了10年之后，该公司才得以重建今日的“黄金标准”。

但是，在今天媒体无孔不入的年代，这种一般来说非常缓慢的声誉树立过程也会被更有爆发性的例外情况所打破。依托“口碑”因素（buzz factor），公司几乎可以一夜成名。口碑因素可以极为迅速地达到效果。在一些技术公司，口碑宣传的巨大效力往往伴随着令人振奋的突破性成果，或对新产品和服务的范例革新而显现出来。谷歌、eBay（易贝）和苹果公司都是极好的例子。口碑的力量还可以来自某个极具吸引力或享有极高声望的知名品牌，比如香奈儿或法拉利。

但是，口碑因素只有在很少的情况下适用，同时，它的效果也不稳定。苹果公司利用Mac（苹果电脑）火了一把，当其他PC（个人计算机）生产厂商另辟蹊径超过了他们的时候，苹果公司就失去了这个优势，后来它开发出了iPod（苹果数字音乐播放器）之后，才重新夺回这一优势。这个大家熟知的经历，说明了为什么大多数企业必须通过传统的方式，经过长时间的锤炼，最终才能成为一个求职者的首选企业。

这里有一个对照清单，你可以用它来评估你所在企业成为首选企业的进度。

第一，首选企业真正重视持续的学习，而不仅仅停留在口头上。这些企业舍得为提升员工能力投资，它们利用课堂、培训计划、远程教育等各种形式来开发员工的潜能。这些活动给员工传递了一个信息：公司非常愿意帮助他们不断成长。

第二，首选企业奉行实力主义。薪水和提升机会与个人绩效密切相关，严格的绩效评估体系定期将每个人的绩效情况公之于众。在每一家企业，你的人脉和学历可能会使你被纳入精英阶层，剩下的，就看你的能力了。现在，我们来看看为什么这些方面有助于打造一个首选企业。很简单，高素质、自信、积极上进的人往往青睐这种企业环境。

首选企业可以招聘到最优秀的人才，继而引发一个良性循环。一个优秀团队可以吸引另一个优秀团队的加入，一次成功往往能够引发更多次的成功。

第三，首选企业不仅允许人们冒险，而且还鼓励人们冒险，他们不会去惩罚那些冒险失败的人。

就实力主义来说，鼓励冒险的文化正好能吸引那些有创造性的、敢作敢为的优秀员工，这些员工是企业参与全球化竞争时所需要的，这种竞争的特点是创新而不是大幅削减成本。

第四，首选企业知道，对社会有益的事情也对企业有益。性别、种族和国籍都不重要，但每个人的想法却很重要。首选企业的观点既是多样化的，又是全球化的，他们的最佳实践方法因文化环境的不同而有所不同。对于那些绩效突出的员工，公司允许他们适当地灵活安排自己的工作时间。总之，首选企业更加开明、更有胸襟。

第五，首选企业选择员工的标准很高。他们要求应聘者踏实肯干，应聘者必须通过重重严格的面试筛选，他们的专业技能和先前的工作经验必须通过全面、严格的考察。不可否认，这个因素有点不合逻辑，因为在你的公司还没有成为求职者的首选企业之前，你是没有过多的选择余地的，因此也是没有资格挑剔的！但是，你应该这么做，因为人才吸引人才的方式往往是比较离奇的，正因为你的标准高，才会吸引高标准的人才。

第六，也是最后一点，首选企业在不断创造利润的同时壮大了自己的实力。持续攀升的股价对于求职者来说就是一块巨大的磁石。除此之外，只有极其成功的公司才能许诺你一个美好的未来，为你提供升职和加薪的机会。其实，公司最让潜在员工神往的一句话是："来吧，让我们同舟共济，一起努力吧。"

我们在开始时说到，成为求职者首选企业的最大好处是你可以招聘到最优秀的人才，继而引发一个良性循环。一个优秀团队可以吸引另一个优秀团队的加入，一次成功往往能够引发更多次的成功。

这是一条你和你的员工永远都不想离开的“船”。

24
杜绝虚伪

虽然我们公司处于一个竞争激烈、危机四伏的行业，应对市场的变化需要当机立断，迅速行动，但是，我注意到人们之间很少进行坦诚的交流——尤其是在会议上。大量的宝贵时间都浪费在拐弯抹角、旁敲侧击、互相试探上。我只是一个中层管理人员。我该怎么办?

——美国亚利桑那州菲尼克斯读者

你描述的现象是企业里和社会上很常见，也是最有破坏性的现象之一。这个问题的实质就是缺少坦率直言的氛围。不论我们在哪里旅行，我们都能听到这样的事情。不管是有人别有用心还是盲目乐观，人们总是极力淡化那些严峻、迫切的信息，结果，一个好端端的组织就开始走下坡路，最后一直衰落下去。

这种淡化不利情况的倾向在与绩效不佳的员工进行交流时体现得更为突出。一般来说，上司不直接出面告诉员工他们的绩效是多么不理想。直到最后，当不满郁积到一定程度的时候，上司就会出面解雇相关的员工。这对被解雇的员工极不公平，同时，往往还会对企业自身造成重大的负面影响。

公司里缺少坦率直言的氛围不仅仅影响了绩效评估的传达，还极大地降低了相互交流的效率，这些交流很多是关于在什么时候、用什么方法将公司的紧缺资源用在什么地方的这些重大的事情。虽然这些交流的话题可能很敏感，可能会触及个人利益，也可能牵扯很多复杂因素，或者各方面都有，但是，如果人们能坦诚一点，他们的效率就会提高很多。

在组织中营造坦率直言的氛围不是没有风险的。勇敢地迈出第一步的人往往会成为众矢之的，你可能会被边缘化或干脆被淘汰出局。

在这种情况下，你能做什么？就我们所知，你唯一的选择是鼓起勇气，从自己开始，坦诚面对所有人——即使你权力有限也要如此。当人们模棱两可、含糊其辞的时候，你就立刻打断他们的空谈，针锋相对地提出你的疑问，追问事情的真实情况。比如，你可以问，“你到底想要说什么？”或者说，“我听你的意思是……”，从而直截了当地把你理解的意思说出来，要求对方确认。

当然，在组织中营造坦率直言的氛围不是没有风险的。实际上，这很可能对整个体系带来巨大的冲击。勇敢地迈出第一步的人往往会成为众矢之的，你可能会被边缘化或干脆被淘汰出局。但是，你不能就此退缩，你要稳扎稳打，尽可能地有幽默感。在理想的情况下，你的坦率直言将最终结出硕果，换来整个组织的坦率直言——有时候，这种变化的速度会超出你的想象。很多人只要尝试了这种高效的交流方式，就会好奇他们先前为什么没有这样做。

25
坦率直言

> MBA 毕业之后，我有幸担任经理一职。我相信坦率直言的原则是对的，可是，我却不敢这么做，因为大多数直接下属的年龄比我大一倍。
>
> ——亚拉巴马州亨茨维尔读者

你可能是感觉和岁数与你父母一样大的人直来直去有些拘谨，你放心好了，与你相比，“老年人”更不喜欢听空话、套话和模棱两可的话。在几十年的工作经历中，他们已经饱受空话、套话之苦，所以，他们很可能会从心底赞赏你的直率，尤其是当震惊逐渐消退的时候。

在这里，我们说“震惊”，是因为你在刚开始和他们开门见

从你担任经理的第一天开始，你就必须让每一个下属清楚地了解他们每个人的绩效情况，这是你打造最优团队、赢得竞争的必要步骤之一。

山、实事求是地交流有关绩效问题的时候，他们肯定要有一个适应阶段。大多数人——不论是年轻人，还是岁数稍长一些的人——都不会马上适应。

但是，你一定要坚持下去。最终，坦率直言肯定会产生理想的效果，它能明显地提高工作效率。如果你不再说一些模棱两可的话，不再进行流于形式的绩效考核，你的团队效率会更高、更有创造性，工作也会更加积极。

进一步说，营造坦率直言的氛围是你的一项职责。事实上，从你担任经理的第一天开始，你就必须让每一个下属清楚地了解他们每个人的绩效情况，这是你打造最优团队、赢得竞争的必要步骤之一。

顺便说一句，你遇到的这个问题一点都不鲜见。人们为拒绝坦率直言编织了各种各样的借口，例如，在日本，人们会说它违反了日本的谦恭有礼的为人方式；在瑞典，人们会说它违反了那里的平等主义。但到目前为止，你说的年龄问题是人们提得最多的理由。

不要管它。个别“老年人”开始的时候可能会反对，但是，他们中的大多数早已在盼望坦率直言的领导者了。

26

当差别化管理遭遇“水土不服”

> 您很早就开始倡导一种叫作“差别化管理“的管理方式——提升公司里 20% 表现最为优秀的员工，培养 70% 的中间员工，辞退剩下 10% 垫底的员工。可是，怎么把您这个方法用在瑞典呢？要知道，在瑞典，要开除一个表现很差的员工简直太困难了。
>
> ——瑞典哥德堡读者

你说的是瑞典，不过在其他几十个国家，也有人问我们这个问题。这些国家包括德国、日本和墨西哥等，甚至在劳动法相对比较宽松的美国，也有人提出过这个问题。美国读者提出的问题是：“我怎么在我的公司里实行差别化管理？我们从来没有辞退过一个人——我们不能辞退员工。”

这根本不是事实。在哪里都可以实行差别化管理，只要方法正确。在开始的时候，总会有人反映这种制度不适合他们的文化，但是，随着时间的推移，他们就会意识到差别化管理的积极作用：它不但能帮助员工发展他们的事业，还可以改变这场竞争本身，同时，他们还会明白，差别化管理和任何民族性格以及与劳动相关的法律并不矛盾——实际上，恰恰相反。

注意，就像你说的，差别化管理确实可能会引起一些人的不满，因为它要求辞退表现较差的员工。可事情往往是，一旦这个制度被严格实施之后，经理很少开除任何人。这是因为差别化管理要求企业必须通过坦诚、公正的绩效评估来绘制“20%—70%—10%”的绩效曲线图。在绩效评估过程中，当人们得知自己的绩效得分在最后的10%之列时，他们就会主动付出努力，且往往能够找到更适合自己的工作——没有人愿意给一个组织垫底。

严格的绩效评估是差别化管理的核心。每年至少进行两次绩效评估，并让人们知道他们的绩效排名情况——不要闪烁其词，不要怕得罪人。

同时，差别化管理对其他两个层次的员工也会带来重要影响。对于那些表现优秀的员工，他们在精神和钱包两个方面都得到“充实”之后，会更加渴望取得更大的成绩。对于中间的员工来说，公司将对他们进行培训，帮助他们更好地完成本职工作，尽可能地为他们的成长创造条件。从这个意义上说，差别化管理确实是一个让个人和企业都能获得进步的好办法。

需要注意的是，差别化管理在一些国家比较容易推行，而在另一些国家则比较困难。你提到了瑞典法律对辞退员工的限制，很多经理马上可以搬出这个事实作为不实行差别化管理的理由。最近，在斯德哥尔摩逗留的时候，我们听说了很多建立在平等主义基础之上的文化价值标准，而不完全是“20%—70%—10%”的概念。

即使在这种情况下，当发现差别化管理很可能要经历一个比较困难的文化融合过程的时候，经理们也不要停滞不前。你可以放慢节奏，加大说服力度，对于那些因为与你意见相左而要与你分道扬镳的人，你可以多支付他们一些离职金。这样做的好处远远超过付出的成本。在这种情况下，首先，你要认真进行绩效评估，坚持每年至少进行两次绩效评估，让人们知道他们的绩效排名情况——不要闪烁其词，不要怕得罪人，让坦率直言成为组织的一个真正的价值标准。其次，你要反复强调严格的绩效评估的重要性，因为它是差别化管理的核心。最后，你要将所有团队成员都打造成优秀队员，众所周知，拥有优秀队员的球队肯定会赢得比赛。

谁不想取得这样的成果——即使在瑞典？

27

战略无关公司大小

> 您认为，对于 100 人以下的企业来说，竞争战略的基本要素是什么？学术界和咨询界提出的方案绝大多数只适用于大企业。我们感觉，他们提出的一大堆建议方案根本不适用于资源有限的小企业。
>
> ——美国堪萨斯州匹兹堡读者

这对你来说也许是个坏消息——战略就是战略，它适用于任何公司，与公司大小没有关系。只有那种“超级创意”（big aha），才能给你持续的竞争优势。换句话说，战略仅仅是帮助你赢得竞争的价值主张，即打造鲜明的竞争优势，让产品或服务令顾客为之心动。此外，战略的重要性都体现在执行上——在这方面，小公司实际上还有某些优势。

你感觉好像你听到的绝大多数有关战略的建议主要适用于大公司，这不都是你的错。人们把战略理解得过于复杂了，好像战略是一系列高深的科研方法。实际上，因为要对数字进行认真、细致、科学的处理，对数据进行全面的分析，确实只有大公司才拥有胆敢尝试这一切的人力、时间和金钱。

但是，不要紧张。你考虑得越复杂、越全面，你就越来越走向了死胡同。一旦你有了“超级创意”，战略就只是一个大致的方向、一个解决问题的基本过程。在解决具体问题的过程中，你只需要根据当时的市场条件对这个方向或基本过程稍加调整即可。战略必须是随着情况的变化而变化的——所以它是活的！

小公司和大公司都可以通过回答5个关键问题来明确他们的战略。我们与竞争对手一决高下的赛场是什么情况？我们的竞争对手最近在做什么？我们最近做了什么？你最担心将来发生什么事件或变化？基于上面的情况，我们该采取什么对策？

很显然，这一短暂的、没有任何高深理论的过程不需要任何理论书籍或咨询师来指导。实际上，它

人们把战略理解得过于复杂了，好像战略是一系列高深的科研方法。你考虑得越复杂、越全面，你就越来越走向了死胡同。

只需要一个能够把握最新信息、胸怀远大、敢于提出不同意见、积极敬业的团队就可以做到，最终，他们可以为你酝酿出一个高效的竞争方案。

接下来就是执行的问题，这一步是走向成功的关键。如果公司只有100名员工，甚至是1 000名员工，那么，你就很容易向你的每一名员工传达你的战略，激励大家，让所有员工都对这一战略寄予厚望，跃跃欲试。在战略启动之后，小公司就像小型机动船一样，可以比那些大型远洋巨轮更加迅速地调整方向，而且它们在招聘人才方面的效率更高，决策中的官僚障碍也相对少一些；另外，它们比那些庞大的竞争对手更容易看到出现的问题（并及时纠正）。

虽然如此，在竞争战略方面，也并不是说小企业就可以占尽优势。你们的难处是：囿于资源紧张，你们必须尽量避免走弯路。大公司可以经受很多重大的打击，它们投入巨资的一个、两个、三个“超级创意”，即使效益不理想也不会让公司伤筋动骨。相比之下，一个大的战略失误很可能将一个小企业送进坟墓。

大公司可以经受很多重大的打击，它们投入巨资的一个、两个、三个“超级创意”，即使效益不理想也不会让公司伤筋动骨。相比之下，一个大的战略失误很可能将一个小企业送进坟墓。

对于小企业来说，最迫切的事情是将自己的价值主张提升到一个更高的标准。他们必须拥有某些特别出众的东西——获得专利的新创意、突破性技术、极大的成本优势、独特的服务内容。不管采用哪一种方式，小公司必须能够吸引并牢牢地保持住顾客。

当小公司做到这一点的时候，他们就可以庆祝他们的制胜战略。在设计这一战略的时候，他们不必使用那些没什么意义，甚至连那些大公司都不用的图表、报告、研究方案以及成堆的PowerPoint（微软的演示文稿软件）幻灯片。

28 聘用咨询师有用吗?

聘用咨询师有没有用？什么情况下应该聘用咨询师？咨询师进来之后对公司员工的工作能力有什么影响？

——美国纽约奥尔巴尼读者

你的问题就像是问：“去看医生有没有用？”答案是：有时有用，有时没用——不管对方是咨询师还是医生，你都想把和他们接触的时间压缩到最少。

注意，聘用咨询师的主要问题是，（如果是秘密聘用的话）他们与聘用他们的经理们存在根本的矛盾。咨询师想深入一家公司，在帮助该公司解决了一个问题之后，继续在那里寻找和解决公司存在的其他问题——他们想永远留下来。而公司的经理们希望咨询师进来，在迅速解决了具体的问题之后马上走人了事——永远不要他们回来。两种想法相互冲突，使得经理们与咨询师的关系非常紧张，也使得是否聘用咨询师这个问题更加突出。

人们对咨询师的评价是“小心为上”，因为他们可能在你没有意识到的时候，想办法“常驻”你的公司。

当然，这里的前提是咨询师的参与有助于公司解决问题。有时候，公司需要一个清醒的旁观者帮助他们评估过去的竞争战略或新开发的产品。有时候，公司内部的技术能力有限，不能进行全面的决策。例如，当前的私人股权投资公司就有效地利用咨询师，来迅速评估有收购潜力的市场和行业。

人们对咨询师的评价是“小心为上”，因为他们可能在你没有意识到的时候，想办法“常驻”你的公司。毕竟，那是他们心里想做的事情——即使你不愿意他们这样做。

29
勇于放弃

> 5 年前，我们创立了一家公司，跻身当时刚刚出现的光纤通信行业。通过努力经营，虽然公司暂时没有生存之忧，但是很明显，与我们过去的预期相比，“增长空间”非常有限。我们是应该就此放弃，在一个新领域里重新开始，还是继续待在这个行业里继续这场生存游戏？
>
> ——美国加利福尼亚州桑尼维尔读者

既然你来自硅谷，大概知道这个问题的答案：生存游戏非常艰苦，也许除了技术行业外，其他行业都没有生存空间。实际上，如果死守一个低增长的技术行业，你的产品会很快走向货品化[①]的境

① 货品化：产品的生命周期中，高利润的产品由于竞争的加剧和进入成本趋低而逐渐变成稀松平常且利润微薄的产品。——编者注

地，到时候，你不得不无休无止地与海外竞争对手进行惨烈的价格战。所以，千万不要走这条路。

所以，很明显，你最好寻找一个你和你的团队可以获得更多利润、取得重大成就的新领域。看来，在你们公司的业务模型里，是否能够生存——至少是在可预见的未来生存下去——是你们考虑的一个因素。这是件好事，这意味着，你眼前的挑战是在保持现金流规模的同时争取更多的生存时间。同时，你还可以研究将来的策略，是决定收购一家企业还是自己重建一家新企业，以及怎样向未来的新企业分配资源。

现在，上述各方面都不会让你有轻松、愉快的感觉——关闭自己的公司一般都是这样，但是，如果你知道自己面临的问题很普遍，你也许就会感觉放松一些。形势的变化从你的脚下开始，某一天，你会突然感觉自己的业务已经大不如从前。这种事情每天都在发生，各个领域都是如此，不仅仅发生在初创企业领域。实际上，这种现象在一些建立时间较长、规模较大的企业里尤其常见。在那里，新的竞争动力不知从什么地方冒出来挑战现状。不幸的是，在这些大公司里，一些业务已经在经理们心里根深蒂固，他们不会像你一样具有如此清醒的认识。

事情的变化要求领导者克服一切纯粹的人为因素，例如，惰性、对传统业务的留恋、对未来心存侥幸。但是，在战略选择的重

问自己一个很关键的问题：“假如你过去没有创办这家企业，你现在还会创办吗？”如果答案是否定的，再问自己一个问题：“现在，你打算把它怎么样？”

要时刻，我们必须勇于面对，至少不能感情用事，这一点很不容易做到。面对这种时刻，杰出的领导者会自我反省，问自己一个很关键的问题，即已故管理大师彼得·德鲁克在大约50年前提出的那个问题：“假如你过去没有创办这家企业，你现在还会创办吗？”如果答案是否定的，德鲁克要求你再回答第二个问题：“现在，你打算把它怎么样？”当今的所有领导者都应该听从他的建议。如果必要的话，追根究底，找到问题的结论，不管是调整、出售，还是关闭你现在的公司。

祝贺你已经提出了这个问题。虽然这是个痛苦的决策，但是你可以将你的员工从日渐渺茫的工作前景中解脱出来，给他们一个充满机遇的未来，也许这种机遇就在你新创办的企业里。

30

你的公司稳健性如何？

如果要您选择的话，哪三个衡量标准最能反映公司经营的稳健性？

——美国佛罗里达州奥兰多读者

每一个行业，甚至每个行业的经理人，各自都有一套能够说明问题的统计数字。对于制造行业的管理人员来说，这些数字可能是存货周转率、按时交货的比例和单位成本；对于营销人员来说，可能是完成的交易量、市场份额和销售额的增长率；对于呼叫中心的经理来说，可能是应答顾客电话的时间、顾客不满地挂上电话的次数和员工保持率。

但是，如果你是一个企业主管——不管你管理的是住宅区附近的商店，还是拥有众多产品的跨国企业，都可以运用这三个关键指标来衡量公司的稳健性：员工敬业度、顾客满意度和现金流。

这些衡量标准虽然不能展示你想知道的一切，但是也差不多。它们能反映出公司整体经营情况的核心内容，不但包括现在的情况，也包括将来的情况。

第一个指标是员工敬业度。不用说，一个企业，不论是大企业还是小企业，如果员工工作不积极主动、不认同公司使命、不知道该怎样实现公司使命，那么这个企业就不可能实现持续的发展。所以，你至少要每年一次以匿名的方式对员工进行敬业度调查。之所以要以匿名方式进行，就是为了让他们能够毫无顾虑地说出自己的心里话。

最有成效的员工敬业度调查都针对一个问题："我们都是同一个团队的一分子吗？"

但需切记，在进行敬业度调查的时候，要避免走入一些常见的误区，比如，将提出的问题局限在一些没什么意义、琐碎的事情上——公司餐厅饭菜的质量怎么样，是否能够顺利地在公司的停车场找到停车位。最有效、最能说明问题的员工敬业度调查完全不是这样。高效的敬业度调查应该调查员工对公司的战略方向、对他们的事业发展机会的看法。公司应该问："你是否认为，公司有一系列人们理解、认同和全力支持的目标？""你认为公司关心你吗？公司给你成长的机会了吗？""你的日常工作是否与公司领导在口头上和年度报告中所说的内容相一致？"

基本上，最有成效的员工敬业度调查都针对一个问题："我们都是同一个团队的一分子吗？"

当然，增长是企业能够长期生存下去的关键，所以，我们将顾客满意度列为大多数经理人衡量公司经营状况的第二个指标。虽然与员工敬业度一样，顾客满意度也可以通过调查问卷来衡量，但是问卷调查很难获得足够的、能够帮助你详细解读企业真实情况的核心数据。所以，你还要拜访一些顾客——不仅和那些"好说话"的顾客聊天，还要和那些难缠的顾客、订单时断时续的顾客、订单数量持续下降的顾客聊天。此外，你还要去拜访你的销售人员不愿意与其打交道的那些顾客。

在拜访上述顾客的过程中你要注意了解相关信息，围绕"我们怎样才能做得更好一些"提出各种问题。在不确定该顾客是否愿意向其他人推荐你的产品或服务之前，绝不离开顾客的办公室。这个办法虽然有些离谱，但是它最能检验出你的顾客满意度。

最后一个衡量指标是现金流。这个指标之所以重要是因为它不会欺骗我们。损益表上的所有其他数字，包括净收入在内，都有一定的“水分”。它们在会计处理过程中经过调整，存在很多假设的成分，比如，你是否可以给股东发放现金红利、偿还债务、为加速企业发展速度而继续融资，或综合运用以上各种方法。一般来说，现金流可以帮助你了解和控制企业的命运。

毫无疑问，还有很多衡量标准可以帮助你判断企业的经营状况，但是，如果你的企业在员工敬业度、顾客满意度和现金流三个方面都没有问题，你就可以放心，你的企业处在良性发展时期，成功近在咫尺。

31
人力资源部的真正职责

你经常说，人力资源部是一个组织中最有影响的部门，但为什么人们对它的印象很不好？

——美国肯塔基州路易斯维尔读者

很可惜，因为相当多公司的人力资源部的运作存在问题——它们或像个神秘的特务组织，或像个没什么实际作用的摆设。当然，这话说得有些极端，但是，如果说我们在过去5年的游历中有什么收获的话，那就是，我们发现，人力资源部极少能够起到应有的作用。

这已经够严重了，但更让人痛心的是，大多数领导者并没有采取紧急措施，想办法立刻纠正这个问题。

直率地说，人力资源部应该是每个公司的撒手锏。你想想，在员工激励方面，还有什么工作比决定雇用谁、培训谁、提升谁或辞退谁更重要？做生意就像是一场比赛，对于所有比赛来说，只有那些将最优秀的队员派上场，并且让他们相互团结、密切配合的球队才能获胜。事情就是这么简单。

所以你很难理解，目前，在一些公司里，CFO（首席财务官）主宰了一切，人力资源部被排挤到幕后。这根本不合理。举例来说，如果你是波士顿红袜队的老板，你是更愿意多花时间和球队的会计在一起，还是更愿意和领队待在一起？诚然，球队会计会告诉你财务上的事情，但是领队却知道球队怎么才能赢得比赛：他知道每个球员的水平如何，也知道从哪里能找到球队需要的优秀球员。

这就是人力资源部的真正职责。

可是，在你提的问题中，人力资源部往往没有履行该履行的职责。

我们从来没有痛切地意识到这一点——直到7年前我在墨西哥城面对5 000位人力资源经理演讲的时候。在演讲的过程中，我问台下的听众："在座的各位所在的公司中，CEO像重视CFO一样重视人力资源部的公司有多少？"一阵局促不安的沉默之后，举手的人不到50个。太糟了！

从那时起，我们一直在苦苦思索，为什么人力资源部被边缘化到这种程度？我们在前面提到，它们至少存在两种不可取的极端行为。产生“特务型”的人力资源部的主要原因是，它们的管理人员在某种程度上悄悄地扮演了“勤王者”的角色：把有的人推上领导职位，把有的人从领导职位上赶下来，有时候在没有得到CEO授意时竟敢自作主张、私自行事。这种人力资源部确实很有影响，但是它们带来的是负面影响，它们迫使那些优秀的人才为了远离“宫廷阴谋”而离开公司。人力资源部同样也很容易走向另一个极端：除了为大家计划野餐活动、发布内部通知之外，就是执行各种除了增加官僚主义没有任何其他意义的规章制度，公司员工往往被人力资源经理搞得苦不堪言。他们就像是一群谨小慎微的警察，张口闭口“不能这样做”，将他们的那一点点权力发挥到极致。

不能任用那些“勤王者”和“警察型”负责人，而应任用有影响的经理人，即有很高声望和信誉的人。

那么，公司领导怎么才能解决这些问题？

首先，从管理人力资源部的那些人入手——不能任用那些“勤王者”和“警察型”负责人，而应任用有影响的经理人，即有很高声望和信誉的人。这种有影响的经理人应该是一种特殊的复合型人才：这种人既像牧师，能静静地听取一切罪过和抱怨，又像负责任的父母，平时关心你、培养你，在你不走正道的时候严厉地批评你。这种既像牧师又像父母的人力资源经理很可能由于成功地管理了公司的人力资源部而进入公司高层。但实际情况是，他们在此之前往往担任过管理职务，比如，管理过一个工厂或部门。他们深谙企业的各种情况，包括其内部运作、历史、内部矛盾和人们心里的等级划分。他们敢于坦率直言，即使面对不利的消息也是如此。他们从来不会对工作丧失信心，他们的洞察力和诚实可以赢得公司上下对他们的信任。

人力资源部应该扮演两个角色：一是设计一个高效的机制来激励和留住员工；二是推动公司针对各种关系制定一系列严格的规定。

然而，这种既像牧师又像父母的人力资源经理想的不仅是如何让员工感到公司充满人情味，他们首先想的是怎样提升公司的整体实力。他们会严格监督绩效评估制度的执行，让公司里的每一个人都清楚地了解他们当前的绩效情况，就像是重视执行《萨班斯—奥克斯利法案》(*Sarbanes-Oxley Act*)[①] 一样重视绩效评估制度的执行。

① 《萨班斯—奥克斯利法案》：2002 年由美国国会颁布，旨在将公司治理正式纳入联邦法律的管辖范围。——编者注

公司领导应该确保人力资源部扮演两个角色：一是设计一个高效的机制（比如用金钱、赞扬和培训）来激励和留住员工；二是推动公司针对各种关系制定一系列严格的规定，比如怎样处理人力资源部与工会的关系、怎样对待退步的员工、怎样对待出现骄傲自满等问题的明星员工。

考虑到先前的人力资源部给你带来的负面体验（有这种感受的不止你一个人），这种高端的人力资源管理简直就是遥不可及，但是，想到大多数领导一再坚决表明员工是他们“最宝贵的资产”，这应该不是难事。

这也不可能是难事。如果领导们能够做到言行一致，人力资源部就能履行其真正应该履行的职责：将员工管理水平提升到与财务管理一样专业和正规的水平。

既然人的因素是整个竞争的核心，那么，还有什么比这更重要的呢？

32

IT 部门应向谁汇报工作？

> 我在一家制造企业工作，在这里，IT 部门由公司的财务总监负责管理。这位财务总监从来不花时间评估 IT 项目的价值，所以董事会里没有人会提起 IT 部门，只有在情况紧急的时候才会想起 IT 部门。这种现象应该改变，您说呢？
>
> ——津巴布韦哈拉雷读者

没错，这确实是个问题。很多人都抱怨这个问题，和你一样，他们也注意到他们的公司里长期存在着这种混乱现象。在这里，我们不仅要谈平时不被重视、直到危机出现的时候才被想起来的 IT 部门（这个问题已经很严重了），我们还要谈谈你的来信让我想到的另一个更迫切、更棘手的问题——在许多公司里，CFO像拉斯普京[①]那样独断专行。

不错，也许说CFO像拉斯普京有点极端，但是，如果说他们经常滥用权力就不为过了。如果滥用权力的不是CFO，那么，滥用权力监督财务部门、人力资源部和其他部门的就是所谓的首席行政官。有时候，首席行政官就是先前的CFO，或者是先前的首席法律顾问。这个临时管理层肆无忌惮地在公司里撒播官僚主义的种子。那个把持着CFO或首席行政官头衔的人是公司里的关键“球员”——老板的“保镖”，任何问题或决策在转交CEO之前必须先经过他的手——有的问题或决策他根本不转交CEO。这个职位就像一个“盛放”项目、员工，甚至整个部门事务的“杂物箱”，只要是管理众多直接下属的CEO“忙不开”，这些事情就可以由这位“保镖”来处理。

这完全是错误的。

问题到底在哪里？

IT部门不受重视，这不难理解，这是有其历史原因的：起初，人们主要把IT看成是减少成本、增加工资计算效率的一个好办法。

① 拉斯普京（格里高利·叶菲莫维奇·拉斯普京）：俄国宫廷宠佞。本姓诺维赫，拉斯普京为其绰号，意为“淫逸放荡”。原为西伯利亚农民，后离乡皈依鞭身教派，自称“先知”，以巫术行医。1907年被荐入皇宫，深得沙皇尼古拉二世及皇后宠信。权势日炽，竟干预朝政，终被贵族保皇派暗杀。——编者注

在几十年前，让IT部门向CFO汇报工作还有些道理，但是现在，当IT在战略方面的应用越来越广泛的时候，很多有远见的公司都将IT从财务部门中独立了出来。但一些公司，显然包括你们公司，还没有这样做。

至于说让人力资源部向首席行政官汇报工作实在解释不通！人力资源部担负着员工招聘、绩效评估、员工培训等方面的重任，对于公司的发展至关重要，如果它不直接向CEO汇报工作，这简直是犯罪。人力资源部不向CEO汇报工作，那只能有一种假设，就是该CEO不懂员工管理，或者是实际管理企业的另有其人，或者是兼而有之。

让我们深受其害的这种做法所造成的第一个后果是，那些一线的IT和人力资源部主管，虽然往往很了解公司最有针对性的创意和信息，但是他们的看法很少能够及时地受到重视。他们的建议在提交给CEO或董事会之前很可能经过了过滤，有时候，过滤所有深刻建议的正是那位对成本极为看重的CFO！

在IT方面最优秀、最有经验的人才往往会选择他们可以与CFO平起平坐的公司。

第二，CFO和首席行政官掌权的公司很难吸引优秀的人才来担任人力资源和IT部门的主管。因为在这方面最优秀、最有经验的人才往往会选择可以与CFO平起平坐的公司，他们完全有理由这样做。最优秀的公司认可他们的价值，除了丰厚的待遇外，还给予他们应有的职位。

现在，我们来回答你提出的问题——IT部门绝对不能向CFO汇报工作。

同样，任何关键职位都不能向官僚阶层汇报工作，你提出的这个常见得让人心痛的问题就是例证。

33
如何避免员工对企业裁员的不满

企业在处境艰难的时候，往往会想到裁员。这是不是说明他们很虚伪？因为绝大多数公司都说员工是他们“最宝贵的资产”，还说打算花很多钱培训他们。

——巴西库里蒂巴读者

有的时候，企业没有别的办法，只好裁员。比如他们错过了一个技术周期，或是总体经济走势急转直下。但是，一个糟糕的事实是，太多的公司只有在面临困境的时候才开始做他们平时就应该做的事情——清理门户。当他们突然进行裁员的时候，确实让人们觉得他们一直反复强调的“员工是我们最宝贵的资产”完全是虚伪的口号。你说得没错。

换个角度看，这对员工也是不公平的、残忍的。

当经理不是一件容易的事情，但是，一旦身在其位，你就要对员工负责任，也就是说，你必须经常让他们清楚自己的绩效情况。每一个公司都应该建立一套严格的绩效评估制度，再没主见的经理也能执行这个制度。员工的奖金应该与绩效评估结果密切挂钩。对于绩效最好的员工，公司应该给予最丰厚的奖金和最多的表扬；而对于绩效最差的员工，则什么也没有。

一个糟糕的事实是，太多的公司只有在面临困境的时候才开始做他们平时就应该做的事情——清理门户。

对绩效达不到要求的员工来说，这种制度能够迅速起到明显的效果。你很少需要辞退他们，他们往往自己就会离开了。实际上，许多人后来找到的工作更适合他们的专长，而他们最终往往也会得到新公司的赏识。这对他们、他们所离开的公司、他们工作的新公司来说都是一个完美的结局。

问题是，很多经理人说因为自己“太宽厚”或“太客气”，所以没有告诉员工他们具体的绩效情况——说这话的往往是名副其实的失败者。

这就是为什么那么多的公司会面临你提到的这个境遇。情况往往是这样的：最高管理层发现公司利润很低，于是决定迅速削减成本，部门经理们一致认为裁员是最有效的方案。在这种形势下，比如说部门 Q，决定辞退两个人。可是，在这之前，这位“过于宽容”的经理一直在表扬他的下属，在每次发放奖金的时候，给所有的员工都发数量相当的奖金，甚至还派一些人参加带薪培训。当公司效益好的时期过去之后，他非常清楚应该打发谁走：乔和玛丽——好几年来，他们对工作一直没有尽力。

他轮流找他们谈话，把这个消息告诉他们。

“为什么偏偏让我走？”两个人都提出这个问题。

“哦，因为你过去的表现不够好。”他含糊地回答。

“可是，30 年来，人们都说我干得还不错！这到底是怎么回事？”

问得好！

如果这位经理过去认真地做好他该做的工作，可怜的乔和玛丽在面临辞退的时候就不会如此惊讶。如果他们清楚自己的绩效情况，他们早就离开公司了。然而，可惜的是，他们发现自己总是在公司不景气、需要裁员的时候首当其冲被裁掉。

这都是因为经理的管理方式“太宽厚”的原因。

我们并不是说，只要公司持续进行绩效评估和门户清理，就能避免裁员的冲击和痛苦。另外，在现实世界中，总有一些公司会遇到无法控制的意外事件，为了应对这些事件，公司不得不迅速降低经营成本；为了实现这一目的，裁员无疑是最有效的手段之一。

但是，在严格进行绩效评估的前提下，让员工明确公司的处境，可以有效地避免人们对你开始提到的那种裁员的不满——确实如此。

34

摆脱“扯皮式”预算

> 工作的时间越长，我就越是感觉，即使是最优秀的领导，也往往要花大量的时间“编制预算”，但是整个过程好像没有一点意义。您说呢？
>
> ——捷克布拉格读者

没有意义？你说的没错。不过不仅如此，它还会起到相反的效果。

当然，进行某种形式的财务规划是必要的，因为公司必须追踪其经营业绩。但是，你的看法是对的。就大多数公司当前的情况来看，预算已经完全偏离了正确的方向。它掩盖了增长机会，助长了不良行为，尤其是当市场条件中途发生变化，人们还在想办法“完成任务”时。在这种情况下，它就是在用一种特殊的方式消耗公司的精力、打破轻松的气氛。

为什么？简单地说，因为大多数预算与实际情况是脱节的。预算的过程之所以显得重要，就是因为它已经成为一种制度。比如，人们常说："哦，大家一直都是这样做的。"

不一定非这样做不可！

在做预算之前，也就是说，在我们想到更好的预算办法之前，我们先来想一想这个通行的做法有什么问题。

这个过程往往在刚进入秋天之际就开始了。这时，分公司早早就开始自下而上详细地构思第二年的财务计划，其目的是在数星期之后，向公司的头头们陈述他们的看法。分公司的目标虽然没有明确地说出来，但是他们的意图很明确，即他们想提出一些绝对有把握、肯定能达到的指标。因为他们的薪酬和销售指标的完成情况是密切挂钩的，所以，他们在酝酿财务计划的时候非常保守。

而在总部，主管们也同时准备着对分公司提交的预算进行审核，但是讨论内容与分公司正好相反。只有当销售额和毛利润有明显增加的时候，他们的薪酬才会有所增加。所以，他们希望最后确定的指标能够最大限度地提高销售额和投资收益。

结果怎么样，你很清楚。双方在一个秘密的会议室里进行了一整天激烈的讨价还价。分公司提出种种理由，说明竞争环境是如何恶劣，经济形势是多么不乐观，所以，毛利润最多只能（比

在新的薪酬制度下，分公司的奖金不应该出自这种内部谈判，而应根据对现实情况的评估而定：业务状况和前一年相比有什么变化，和竞争对手相比有什么变化。

如说）增加6%。总部领导看上去极其惊讶，也许还有一点愤怒，说根据他们的分析，分公司应该能将利润提高14%。

一天很快就过去了。虽然分公司依旧不停地诉苦，预算数字最后仍确定在中间值——10%。稍后，会议结束，双方在愉悦的握手中结束了会议。转过身去，他们就会向身边的人炫耀，说他们是怎样机智地让对方就范，接受他们心里早已盘算好的那些指标的。

出现这种情况，问题在哪里？问题就在于你看到的只是一个精心设计的折中方案，但更重要的是，你看不到的却是一个对公司发展具有深远意义的、彼此都满意的、探索有关增长机会——尤其是高风险增长机会的谈话。

由于我们前面提到的错误的薪酬体制，这种坦诚的谈话正在逐渐消失。总公司完全根据业务指标的完成情况支付分公司的薪酬，如果分公司达不到业务指标，就要付出不菲的代价（甚至更严重），他们怎会愿意给自己订立一个高目标呢？

他们不会的——除非彻底改革这种薪酬制度。在新的薪酬制度下，分公司的奖金不应该出自这种内部谈判，而应根据对现实情况的评估而定：业务状况和前一年相比有什么变化，和竞争对手相比有什么变化。

如果公司里制定了这样的衡量标准，你会发现，预算编制从机械的例行公事突然之间变成了双方广泛的深入交流。分公司和总部会就市场的巨大潜力、可能的营销机会进行广泛的沟通。从谈话中，双方还能不断想到很多根本不能严格地称之为预算的增长方案——这就是运营计划，它是由双方共同认可的提升销售额和毛利润的战略战术组成，虽然并不是对所有战略战术都有充分的把握。

当然，运营计划不全是美好的愿望，它还缺少财务框架，也还应该有一个上限数字——最佳情况和假如业务不理想时的下限数字。这个运营计划的好处是，它的浮动范围是双方通过对市场情况进行充分交流之后制订的。

同时，因为运营计划的制订是通过相互交流产生的，所以它是可以变通的，可以根据需要随着一年中市场情况的变化而调整。实际上，这种预算制订方式唯一不能改变的就是组织必须具有的核心价值观——诚信。必须让分公司的人相信，即使不能完成那些"拔高目标"，总部也不会惩罚他们，不仅如此，总部的主管人员还必须表扬他们的自信。一方面，这些主管人员必须信任分公司，相信他们在实现那些高指标的时候已尽到了最大努力；另一方面，分公司也应该用实际行动来回报总部的信任。

如果双方能够达成这种默契，预算编制就会呈现出一种全新的生机。

所以不要对你们公司的预算编制失去信心，现在，你对他们的预算编制情况感到灰心也很正常，但是，如果考虑到将来的好处，也许双方现在就应该进行交流，看看怎么改善这个流程。你准备好了吗？

35

不要闭门造车

我们是一家生产汽车零件的企业，公司大约有 2 000 多人。我们花了很长时间钻研技术和制造工艺，相对来说，在营销上花的时间很少。我的问题是：现在，我们的产品虽然在技术上无可挑剔，可就是打不开销路。（顾客选择了竞争对手的产品，因为他们的产品更先进。）显然，为了保持竞争力，我们必须降低价格，但是我们不知道该怎么降。虽然我们的成本一直控制得很好，许多业务都外包给了中国、印度，甚至东欧国家，但看来这样还是不行。另外，我们还拥有最理想的制造技术，而且，我们目前的设备折旧率已经很低了。您有什么好的建议吗？

——捷克布拉格读者

对于一个仅仅拥有 2 000 多人的企业来说，你提到的问题听起来像是那些自以为是的大企业经常出现的 NIH 症候群（not invented here syndrome）[①]。

NIH 症候群的症状表现为不愿意利用外部创意来改善公司的任何流程（当经理们深信公司的经营水平处于最佳状态时，他们就会不知不觉地在公司里营造一种氛围）。具有这种症状的经理们坚信公司已经解决了所有问题。毕竟，这种症状出现的一段时间内，公司还因此取得了一些成绩。经理们的口头禅是“我们公司就这样”，要是有人提出一个新的方法，他们往往一口回绝：“我们已经试过了。”

目前，大公司普遍存在这种自以为是的倾向，这种倾向非常不好。伴随着 NIH 式的自我满足，大公司的自以为是还包括其他症状，比如惰性、官僚主义、厌恶风险。但是 NIH 症候群的症状比其他任何症状的破坏性都强，它可以让企业的竞争力从企业的血管里一点一点地流失，让一个组织逐渐走向毁灭。

接下来，我们来谈一谈解决这个问题的办法。

先来看看你们公司的情况。你说你们的成本已经控制得很低了，不可能再降了，即使外包也解决不了问题。另外，你还相信你

① NIH 症候群：指某些固执的公司或制度文化，对自我创新的能力颇为自负，有意无意地避免采用或购买其他人或公司已有的研发技术，只因这些成果不是自己做出的。——编者注

们拥有最好的技术，这进一步说明你们不需要从公司外部寻找任何其他方案。一句话，你们很有可能真的走入了一个误区。

你看不到出路，也许就是因为你把目光都放在了你们公司的内部。在我们看来，你们面临的问题一点都不复杂。你们的竞争者生产出了一种质量更好、价格更低的产品，并先于你们把他们的产品推向了市场。解决这个问题的办法也很简单：为什么不打消你们什么都试过了的想法，重新尝试一些新的东西？

这里主要涉及一个创新的问题。你们公司必须集中力量，开发一种全新的流程、产品或服务，让它创造出一种市场迫切需要的价值主张。也许，你需要的就是一种全新的方式——一种采购方式或一种顾客沟通方式。也许，你需要的是一项新技术——一项可以自己开发或者通过技术转让以及兼并、收购其他企业获得的新技术。

NIH 症候群的症状比其他任何症状的破坏性都强，它可以让企业的竞争力从企业的血管里一点一点地流失，让一个组织逐渐走向毁灭。

只要善于学习和接受新事物，你就会发现，提升自己的机会到处都是。虽然你们设备先进、折旧率很低，但是，某个国家的某个公司肯定可以用更低的成本生产出同样的半成品或成品。

现在，你们的最大优势可能就是你们的“规模”。我们不是在开玩笑。你们的公司还小，自以为是的倾向还不至于像大公司那么严重！一家 2 000 多人的企业可以通过试验迅速开发或推广新技术，也可以收购具有良好配套服务的公司，或者调整管理层，吸收一些有助于打破技术范式的新面孔。你们面临的最大问题就是你们的心态——你们可不能像一些大公司那样闭门造车。

36
解读矩阵式管理

虽然在大型组织和小型组织都待过，但我还是看不出矩阵式管理结构的整体优势到底在哪里。这是因为矩阵式结构确实存在问题还是管理者的管理水平差？

——美国科罗拉多州科罗拉多斯普林读者

矩阵式管理[①]很容易招人嫌恶，是不是？如果说在采不采用矩阵式管理这件事情上公司里的人能够达成什么共识的话，那也许就

① 矩阵式管理：也称系统式或多维式管理，是相对于那种传统的按照生产、财务、销售、工程等设置的一维式管理而言的。它是一种按职能部门和按产品或地区划分部分相结合的管理组织形式，既有按照职能划分的纵向联系，又有按执行任务划分的横向联系，两者组成了一个矩阵，因此称矩阵式管理。——编者注

是矩阵式管理从理论上听起来不错，但是，千万别把它付诸实践。

我们也是这个看法。我们确实倾向于纯粹的损益式管理（即一维式管理）的企业。它们建立在明晰的汇报关系基础上，每个人只对自己的结果负责。这种管理组织结构有助于企业制定统一的竞争战略，分配公司的现有资源，为总经理能力的提高提供一个良好的培训平台。这种管理结构对于从原有企业中创立新企业尤其有利；在损益式管理结构的企业里，主张成立新创公司的人更容易受到企业的注意。

而对于矩阵式管理来说，虽然它的初衷是好的，但是实施起来却问题很多。最大的问题是：它将企业清晰的汇报关系破坏殆尽。如果人们必须向两个上司汇报工作，那么，这很可能会打乱上下级之间的汇报关系。在矩阵式管理结构中，存在大量一个下属向两个或多个上司汇报的现象。这种关系可能产生各种各样的后遗症——从滥用权力到信息的错误传达。在矩阵式管理的实施过程中，经常出现一方的好意完全被对方误解的情况。一个矩阵式管理结构下的经典问题是：生

矩阵式管理结构可以创造出一个能够受益于多个产品线的一流技术。在面对大订单的时候，矩阵结构里的生产主管和营销主管更容易密切合作，共同与供应商、经销商进行深入的讨价还价。

产经理需要尽快控制存货的总价值，可是，产品经理这时却急需一种极受市场欢迎的时髦小饰件。难怪说，矩阵式管理结构让人们疲惫不堪——职责不清让人们无所适从。

但是，如果矩阵式管理结构一无是处，它们就应该像恐龙一样早已绝迹了，可是，事实并非如此。

矩阵式管理结构有两个优势。第一个优势是，它可以创造出一个能够受益于多个产品线的一流技术。我们拿经营多种型号的喷气式发动机的公司为例。在损益式管理结构下，公司必须为每一种型号的发动机都配备不同的冶金工程师，但是，这些人不可能都具有矩阵式管理结构下的专家的技术水平。为什么？因为职能部门的工资待遇、掌握的信息、声誉更能吸引优秀人才。

矩阵式管理结构的第二个优势是财务优势。在面对大订单的时候，相对损益式管理结构的单个主管来说，矩阵式管理结构里的生产主管和营销主管更容易密切合作，共同与供应商、经销商进行深入的讨价还价。两个主管合作之后，价格谈判的能力将大大增强。

所以，虽然在矩阵式组织工作有时候让人不顺心，但是我们也不能否认这种管理结构的好处。从你的问题里我们看不出你的经历为什么让你对矩阵式组织结构有如此强烈的负面看法，也许，就像你字里行间透露的，这与具体的管理方法有关系。这也不奇怪。与纯粹的损益式管理相比，矩阵式管理的实施难度更大。它需要人们

当领导们成功地营造了相互信任的公司环境，并尽可能地做到职责明晰的时候，矩阵式管理就会真正发挥作用。

对职责不清有着很强的适应性。此外，人们之间更需要彼此信任。具体地说，产品线上的员工必须深信职能部门在为公司的总体目标尽力工作，而不仅仅是为了完成或超额完成本部门的指标。

总之，现实中的矩阵式管理永远不会像理论中描述的那样灵验。在矩阵式管理结构中工作，永远不会像在纯粹的损益式结构中工作那样轻松，但是，不要对它完全失去信心。

当领导们成功地营造了相互信任的公司环境，并尽可能地做到职责明晰的时候，矩阵式管理就会真正发挥作用。

37

你是否在滥用直觉？

如果您发现您的下属总是依靠直觉，而不是根据事实和理性推理行事，您会怎么办？现在我的几个下属就是这样。我不知道怎么向公司主管解释他们的决定。

——印度尼西亚雅加达读者

你有两个选择。第一，告诉你的上司，“查理的直觉非常灵，那个决定就是例子”；第二，如果查理的直觉最多也就只有 50% 灵验的话，那么你就请他不要再老凭直觉行事。

一般来说，依直觉行事不是坏事；相反，它是一种认识事物的正常模式。你觉得呢？某种情况可能你在过去的工作或生活中经历过好多次之后，你就很清楚它是怎么回事了。换句话说，直觉就是一种内心深处的，甚至是下意识的熟悉感。根据这种认知方法，你能做出很多判断——从“现在可以大胆试一试”到“不可能，永远做不到”。我们敢说，最普遍的直觉是在这二者之间——那种“再做考虑”的反应。这是因为你的直觉在提醒你，情况不对，你应该把事情彻底弄清楚。

使用直觉的难点在于知道应该在什么时候相信直觉。

当然，使用直觉的难点在于知道应该在什么时候相信直觉。如果随着时间的推移，你发现你的直觉总是对的，这时候，你就可以轻松地根据直觉行事。但是，这种自信的建立需要数年的反复试验才能形成。

直到这时，我们才建议你使用这个建立在经验基础上的方法：当我们进行股票交易的时候，直觉往往非常有用；在选择员工的时候，直觉的作用就要稍差一些。

当然，我们不是在将二者混淆，我们是在告诉你，要充分利用直觉，但也要质疑直觉。比如，即使你看到了有关某个交易的各种数据分析和详细的预测数字，感觉人们的交易决策似乎是十拿九稳，你也要清楚地认识到投资手册里面的数字都只是预测。那些数字有时候比较合理，有时候也是凭空臆断。有人给你提出过预期投资收益率低于 20% 的交易吗？肯定没有！有时候，这是因为这样的交易太过诱人反而让人难以相信；而有时候，是因为向你提出这个交易的人事先已经调整了相关投资的残值，其目的是让收益率反映他们内心的希望和期冀。

所以，当你在分析股票交易的时候，首先要考虑数字——这是明摆着的事情。但是，在最后做决定时，也要充分利用你的直觉。假如，有人介绍你在某座城市投资建造一座新的办公大楼，但是在参观这座城市的时候，你发现城区塔吊林立，虽然他们告诉你这笔交易没有一点问题，说你不可能赔钱，但是，你的直觉却告诉你不是这么回事——一年之后，很有可能会出现开工不足的问题，这笔“没有一点问题”的投资到那时可能会亏掉 40%。虽然你的根据不多，但是你只能做出“再做考虑”的反应。

在大多数情况下，这意味着你应该否定这项交易，即使这样做会给那些所谓的“理性的分析师”带来不快。事实是，这些分析师很可能在后来会因为你的准确预言而折服（虽然在这个过程中，大家可能对你的看法不以为然）。

相对而言，利用直觉进行员工招聘有时候却行不通。理由是：我们的直觉很容易让我们对一位求职者的能力深信不疑。声誉卓著的一流学校、令人羡慕的工作经历简直是无可挑剔，我们马上就会想到这位求职者肯定会顺利通过面试。即使我们不愿承认这一点，我们往往也会一厢情愿地认为这个人很快会在这个职位竞争中胜出，就任这个重要的高级职务。就这样，我们就一直在直觉的左右下，匆匆地确定了“合适”的人选。

当招聘单位给我们打电话求证对某个人的看法时，虽然他们开始的时候反复声明，要我们谈谈对某个求职者的真实看法，但是当我们真的说出实话的时候，我们可以感觉到电话那一端对方的回应越来越少，语气也变得僵硬起来。他们似乎在说：“哦，不要说这些！我们已经基本确定了这个人，只想从你这里走一下形式而已！”随后他们就会迅速挂断电话。

所以，在确定最后的人选时，你一定要让下属硬着头皮，反复验证他们的直觉，同时，你也应该这样做。这样做的目的是为了全面了解每位求职者的真实情况，不要仅仅局限在浏览简历上，还应该打电话求证——强迫自己认真倾听对方提供的情况，尤其是那些与你的直觉相悖的情况。

但是，总的来说，直觉对于工作能起到很大的作用——当然指的是好的直觉。不要觉得向上司和股东解释直觉是一件很难为情的事情——他们有时候也会根据直觉行事。

38
销售人员最应具备的素质是什么?

提升销售额是我最重要的职责。我想知道，在招聘优秀销售人员的时候应该注意对方的哪些条件?

——美国新泽西州韦斯特菲尔德读者

好消息——你已经成功了一半，因为你已经意识到，优秀的销售人员应该与你有所不同，或者说与大多数人有所不同。实际上，他们确实是“另类”。

这并不是说，销售人员不应该具备其他应聘人员的素质——诚实、学历、旺盛的精力、果断和执行能力，我们只是说他们还需要具备其他素质——准确地说，是4个素质。

第一，超强的移情能力。优秀的销售人员能够为客户着想。他们能够理解客户的需求和压力，能够体会客户企业所面临的挑战，他们可以从客户的角度来看待每一笔交易。诚然，他们代表公司，必须为公司赚取利润，但是，他们具有平衡公司利益和客户利益的天赋，即使是经过艰难的讨价还价达成一致之后，双方也会对这一过程中除“公正”之外的其他方面感到满意。

第二，诚信。对于这一点，想必大家都不会感到意外。他们的言语是真挚的，他们的握手是诚恳的。他们把每一笔交易都看作长期关系的一部分，而他们的客户也往往投桃报李。

第三，优秀的销售人员具有干劲、勇气和自信完美结合的特征。第一次给陌生的客户打电话很可能会被对方一口回绝，没有人喜欢打这种电话。但是，优秀的销售人员渴望提升销售额，于是他们会义无反顾地投入到这场旷日持久的攻坚战中。他们拥有极好的心理素质，遭到对方拒绝之后也毫不气馁，只是深吸一口气，接着继续战斗。

第四，优秀的销售人员痛恨“邮差式”的推销模式。我们当然不是贬低邮差，每天沿着固定的路线发送邮件是他们的工作。优秀的销售人员当然也做与此相类似的工作，向新客户推销他们的新产品，但他们不满足于此——他们还要走出这条固定路线去寻找新的产品和客户机会。比如，最优秀的销售人员认为，他们的工作职责之一就是经常把他们在外面发现的好点子带回来，他们会说："如果我们生产××产品，我们就能把客户都拉过来。"

优秀的销售人员能够为客户着想：他们的言语是真挚的，他们的握手是诚恳的；他们有干劲、有勇气、有自信：他们不断地追求创新。

在这方面，最优秀的销售人员与你相类似，提升销售额也是他们最重要的职责。

但与此同时，优秀的销售人员与你和其他任何上司又都不一样，因为你们还要负责处理组织里的其他各种事情，而对于他们来说，提升销售额是他们最重要的职责，也是唯一的职责。

这就是优秀的销售人员之所以与众不同和千金难求的原因。

39
要向员工公开账簿吗？

我经营着一家小商店，雇了5个售货员。最近，我一直在想和他们一起分享商店的利润，希望他们能认识到我们充分利用每一天、提高每小时的工作效率、减少缺勤率的迫切性。我还希望通过向他们公开商店的一些经营数据来营造团队精神、激发创新。您觉得怎么样？

——美国新泽西州樱桃山读者

我想你肯定知道“好心没好报”这句谚语。也许，这句谚语很快就会应验在你身上了。

不要轻视透明的作用！一般来说，你告诉员工有关成本和严峻形势的信息越多，效果越好。你想得没错——当人们知道他们所面临的严峻形势后，他们就会产生一种责任感和紧迫感，这种责任感和紧迫感往往会带来内部流程的改进和工作效率的明显提高。同舟共济的感觉可以极大地激发团队合作和创新精神。

但是——

公开账簿也存在一些隐患。重要的一点是，你很难做到适可而止。公开成本之后，为了起到说服他们的效果，你还不得不公开销售额和利润。

所以，你一定要考虑清楚，你是不是愿意让所有售货员都知道商店赚了多少钱？他们会自然地拿这个数字和你给他们的薪水相比较。最终，他们将推算出你赚了多少——还有，你比他们多赚多少。

如果你觉得你把关于商店的所有秘密信息都透露给员工之后，可能会起到与事先的设想相反的作用，那么，你还是暂时不要这样做。

你可能很愿意解释这中间的差距，也许这正是你骄傲的地方。如果是这样的话，你也许就能够放心地将你的财务状况详细透露给你的员工了。但是请记住，不管公司的规模如何，每个员工的内心深处都会有一个薪资标准，他们根据自己付出的劳动和绩效情况来判断他与其他每个同事的价值。如果你觉得你把关于商店的所有秘密信息都透露给员工之后，可能会起到与事先的设想相反的作用，那么，你还是暂时不要这样做。你最好另想办法——想一个比较保险的、可以让你的员工像你一样认真工作的其他办法。

40
防止公司飓风

在“卡特里娜”飓风袭击新奥尔良市之际，相关部门的救援不力致使该城市遭受了重大损失。企事业组织可以从中吸取什么教训?

——美国特拉华州纽华克读者

“卡特里娜”飓风是一场典型的风暴，它给我们带来了重大破坏。在这场灾难袭来的时候，一下子发生了好几件很严重的事情。面对重大自然灾害，好几个应该实施救援（也有能力救援）的政府部门却无所作为。教训是惨痛的。多年之后，人们就会逐渐找出“卡特里娜”飓风之所以造成如此巨大损失的所有责任人。

现在我们就可以确定，其中的一个责任人就是 FEMA（联邦紧急事务管理局)。它在技术上完全有责任担任政府角色，积极应对这场飓风带来的破坏。我们都知道，因为政府部门的贻误时机和推脱责任，FEMA 几乎在这场飓风中瘫痪。

FEMA 在“卡特里娜”飓风中的表现不仅让人感到失望，它还向我们展示了一个非常普遍的组织现象：当一个组织的某个部分成为被人遗弃和忘记的“孤儿”时会发生什么事。在企业里，成为“孤儿”的分公司、团队或部门往往被卖掉或宣布破产。在新奥尔良，“孤儿”的命运更为悲惨。

如果说世间有什么组织是“孤儿”的话，FEMA 就是一个。过去的几十年来，它一直是一个规模较小的联邦部门机构。它的使命很明确——保护公民生命和财产不受自然灾害的影响。FEMA 曾经在抗震救灾行动中起到了重要的作用，可是，到了 2003 年，FEMA 被归入美国国土安全部。这是一个臃肿的联邦部门，它的使命是保护美国公民免受非自然灾害的影响，如恐怖分子的袭击。

这两个组织的使命没有一点相关性！国土安全部的头头们脑子里想的都是怎么防止类似于马德里火车炸弹事件、伦敦地铁炸弹事件的出现，更不用提飞机撞击大楼和化学战争。这也是可以理解的。他们想的都是怎样防止这类杀伤性很大的武器攻击或事件。而 FEMA 担心的是大风、暴雨、地震、龙卷风，这与国土安全部的中心使命相去甚远——这就是“孤儿”经常遇到的情形。

“卡特里娜”飓风事件对于企事业组织的教训是，一定要避免企事业组织出现“孤儿”。

所以，当“孤儿”大声呼救的时候，执行中心使命的领导班子往往不会立即实施救援，他们甚至听不到呼救声。我们不敢说肯定是这样，但是至少在“卡特里娜”飓风事件中，事实就是如此。

“卡特里娜”飓风事件对于企事业组织的教训是，一定要避免企事业组织出现“孤儿”。如果一个团队、部门或分公司与整个大型组织的使命相关性很小，那么就把这个团队、部门或者分公司安置在公司内接近核心战略的地方或者干脆卖掉它。因为，如果你让“孤儿”与组织处于游离关系，最终肯定不会有什么好结果。

我们来看看 Frigidaire 公司的结局。Frigidaire 是通用汽车公司旗下一家生产家用电器的公司，它曾经一度是整个行业的杰出代表，数十年来，它一直稳稳地占据着市场的领导地位。制造家用电器基本不是通用汽车公司的中心使命——对任何汽车公司都是如此，因此 Frigidaire 从来没有从总部得到过任何人员和资源方面的必要支持。到 1979 年 Frigidaire 被卖给白色联合工业（White Consolidated Industries）公司的时候，Frigidaire 已经失去了很大一部分市场份额，竞争实力已经今非昔比。

如果让组织的一个部分成为没人照管的“孤儿”，独自在一个远离中心使命的领域里苦苦挣扎，注定会带来严重后果。

通用汽车公司有很多这样的“孤儿”，大多数大公司都是如此。随着公司将大量的金钱和注意力都投注在大马力发动机上，小发动机业务就退居到一种无关痛痒的地位。如果不是一位高级经理及时站出来大声疾呼，通用汽车公司恐怕早已丧失了用于往返于两座城市之间的喷气式飞机的新兴市场。这位高级经理痛陈利弊，证明制造用于这种飞机的小发动机应该成为通用汽车公司的中心使命。在这位高级经理的努力下，小发动机部门最终获得了持续发展所需要的资源。

这是一个皆大欢喜的结局。这些年来，通用汽车公司许多“孤儿”的命运就像 Frigidaire 一样坎坷多舛。

“卡特里娜”飓风事件的一个重要教训是企业必须经常自省。如果让组织的一个部分成为没人照管的“孤儿”，独自在一个远离中心使命的领域里苦苦挣扎，注定会带来严重后果。

这不是会不会的问题，而是时间早晚的问题。

41
是什么让女性远离高管职位?

当今社会的女性 CEO 还是不多，在一些国家里，甚至担任高级主管的女性也很少。女性不能在公司里有所发展的真正原因是什么?

——美国北卡罗来纳州新伯尔尼读者

人们很容易想到的答案是，公司里性别歧视严重——男性主管们不希望女性继任他们的职位，于是串通起来，尽量不提升女性下属，或压低工资水平，或兼而有之。女性不能在企业里崭露头角，很多人的解释是“男人都是粗人”。悲哀的是，对于一些国家和一些公司来说，这却是不争的事实。由于文化传统或根深蒂固的偏见作祟，很多男性认为女性不应该在公司担任高级职务，他们联合起来营造一种压制女性升迁的工作环境，即使女性拼命工作也不让她们有出头之日。顺便说一句，这种联合往往是微妙而秘密的，有时候连这些男性上司都没有意识到。在这种情况下，疏忽大意的是男性上司，而埋单的却是女性下属。

第二个答案人们不大会想到。说不大会想到，是因为我们每次在谈话中提到这个答案的时候，听众都要不安地深吸一口气。这个答案就是“生理差异”。女性 CEO 很少、女性高管比例很小的原因是女性要生孩子。虽然一些善良的社会学者不承认这一点，但现实情况是，这些学者被误导了，生理差异确实存在。原因是，当职业女性决定生儿育女的时候，她们往往会减少在公司工作或出差的时间。为了有更多的空余时间可以灵活支配，一些女性不得不更换工作，从事普通职员的工作。随着工作的更换，她们的提升机会就大大减少了。还有更多的女性，有了孩子之后就彻底成了家庭妇女。2002 年，哈佛商学院对其 1981 年、1986 年和 1991 年毕业的女大学生进行了一番调查。结果发现，62% 的学生已经结束了她们的职业生涯，这很能说明问题。在那几年毕业的女大学生中，很多人一毕业就踏入了咨询、金融和企业管理等行业，但是，大约 10 年、15 年和 20 年之后，只有 38% 的女性仍然在从事全职工作。（调查还发现，一些自称“回归家庭”的女性实际在做兼职工作或是自由职业者。）

有了孩子的女性选择什么样的工作完全是她们个人的事情，这当然没有问题，可是，这些选择会产生很多后果。最明显的一个后果是，这些选择很可能会影响她们的职业发展。

这种选择不好吗？我们不这样看。这就是生活，每一种选择都会有得有失。作为一个要兼顾工作的母亲，如果你决定拥有更多自己的时间，减少在公司的时间或在外面出差的时间，你就能获得一种难以用金钱来计算的价值：可以有更多的时间和孩子在一起。同时，你也必须有所放弃：放弃获得提升的有利机会。在企业里，你的上司拿着公司的薪水，他们必须想方设法战胜对手、赢得竞争，因为股东在不断地给他们施加压力。而那些提升的机会通常是给那些每天工作时间最长、最为投入的人。

你可能要问，对于那些能力很强的女性呢？难道公司不考虑能力吗？还好，答案是肯定的。能力确实是那些想要同时兼顾家庭和事业发展的女性的一大长处。因为，如果你的能力很强，工作也确实很出色，大多数上司会灵活处理，给你一定的机动时间让你照顾孩子。但是，要想拥有这份“灵活”，你必须在工作上体现出你的优秀。这需要时间，有时候，很可能要花好几年，这对很多母亲来说，确实是太长了。所以，她们及早退出了。这样，得到提升的女性就越来越少。这是女性升迁速度落后于男性的又一个原因。

也许某一天，工作的性质发生了改变，女性和男性可以在公司

只要职业升迁在很大程度上取决于每日的工作时间和对工作的投入，只要母亲想花时间和孩子在一起，女性的事业之路就总比男性多一些劣势、多一些曲折。

的高级职位上平分秋色，公司将不遗余力地支持女性，为她们提供培训和升迁的机会，彻底摒除公司制度上的性别偏见。当今，许多优秀的公司已经在这方面做出了很大努力，比如，在孩子还小的时候，女性员工可以和公司达成协议，为公司做兼职服务，借此保住她们在公司的职位。

但是，只要职业升迁在很大程度上取决于每日的工作时间和对工作的投入，只要母亲想花时间和孩子在一起，女性的事业之路就总比男性多一些劣势、多一些曲折。不过，不管你信不信，很多一边工作一边照顾孩子的母亲依然无怨无悔。

42 高昂的离职金

那些任职期间公司基本没有什么起色的 CEO 居然领到天价的离职金，您怎么看这个问题？作为一个小股东和中层经理，我一年拼死拼活才有 5 位数的收入，这事真让我受不了。

——美国佛罗里达州迈阿密读者

对这一现象不满的不仅是你一个人，只是你要找到问题的真正原因，而不应该把这笔账记在收领巨额津贴的 CEO 身上，他们只不过是接受了对方提出的价码。能说他们贪婪吗？或许也可以这么说，但是，在大多数情况下，他们只不过是公司混乱局面的受益者。这种混乱局面很常见，它的根源就在公司的董事会。

这回我们就找到真正的责任者了：公司董事。他们应该为公司在离职金方面的巨额损失负责。主要原因只有一个，他们没有做好接班人计划。

没错，确实是因为没做好接班人计划，它和离职金有着密切的关系。为什么？因为很多让你如此不满的有关“天价”离职金的协议内容不是在解雇失职的 CEO 时确定的，而是在从外面招聘的新任 CEO 上任之前的很长时间就已经拟订好了。之所以要从外面招聘 CEO，其原因就是在前任 CEO 任职的数年里，董事会没有培养出优秀的接班人队伍。

公司董事应该为公司在离职金方面的巨额损失负责。主要原因只有一个，他们没有做好接班人计划。

虽然如今从公司内部提升上来的 CEO 待遇也不低，得到这一顶尖职位的领导者都将获得丰厚的工资，此外，还有与业绩相挂钩的诱人奖金、名目繁多的额外补贴、极为宽敞的办公室，但是，如果从公司外部招聘一个可以帮助公司收拾残局的“救世主”，则需要付出更加高昂的代价。他不但要获得由内部提升的 CEO 获得的一切，他还要你保证，即使他没有获得成功，公司也要支付一大笔“安慰金”。实际上，外来者往往是看上了最后的这个安慰金，如果没有任何退路，他们是不会接手这个高风险职位的。

当然，高昂的离职金并不是外来 CEO 的专利。有时候，从内部委任的 CEO 经营失败离开公司时，拿走的津贴也远远高于他们应得的部分。这同样让人气愤。但是，这和我们这里谈论的情况不一样。事情往往是这样的：董事会要寻找一个新的 CEO，他们首先在公司内部物色人选，这时候，他们才惊讶地意识到，他们过去忘记了制订 CEO 接班人计划。接下来，他们与猎头公司联系。猎头公司渴望物色到合适人选的强烈程度只是比面对混乱局面且处于恐慌之中的董事会略差一些。当猎头公司最后锁定了一个各方面都很合适的人选时——往往这个人目前有着令人羡慕的稳定工作，并没有要辞职的意向——如果公司也愿意出大价钱，物色人选的工作就可以告一段落了。

发生在惠普公司的一个事例很有代表性。1999 年，董事会决定更换公司的 CEO。由于公司内部没有合适的人选，于是董事会委托猎头公司在全国范围内为他们广泛寻找。没过多久，他们发现了成功带领朗讯公司走出困境的卡莉·菲奥莉娜。卡莉是在鲜花和热烈的掌声中走进惠普的，不用说，能够将她从先前优越的职位上挖过来，惠普肯定开出了让她无法拒绝的条件。

然而，我们都知道，卡莉在惠普的 6 年任期里，董事会对她的批评之声不绝于耳，当时的情形让你很容易想到，她的离职金应该很少吧。但后来发现，事实并非如此，卡莉的离职金高达 4 000 万美元。消息一出，舆论大哗，相当多的抗议之声直指卡莉。但是，惠普的董事会不应该承担责任吗？毫无疑问，离职金方案是他们拟订的——这一方案是卡莉在鲜花、掌声的簇拥下进入惠普的时候就拟订好的，而不是在她愤然离开的时候。

类似惠普的例子并不鲜见，虽然有时候最后的结局大家都比较满意。例如埃德·布林（Ed Breen）与泰科公司（Tyco）的故事。2002 年，泰科遭受了会计丑闻的灾难性打击，公司解雇了当时的 CEO。同样，董事会委托猎头公司寻找接班人。很快，猎头公司把目光锁定在埃德身上。当时，埃德是摩托罗拉公司的一位德高望重的高管。

但是，埃德不愿意为了一个普普通通的待遇辞掉在一家清白的公司极有前景的工作，而去泰科公司收拾残局。没办法，泰科董事会不得不将布林克斯公司的运钞车往后退了退（当然，这是比喻），从上面卸下一个新的“薪酬包裹”放在埃德的门口。这个薪酬包裹里有一个诱人的绩效奖金方案。不难想象，这笔奖金足以弥补埃德管理高风险的泰科公司所付出的代价。此外，这个包裹里还有数额庞大的离职金，即使没有解决泰科面临的问题，埃德也会有充分的保障。幸运的是，埃德不辱使命，带领泰科走出了困境。这样，有关埃德的离职金数额的争论就不了了之了。

现在，回到你开始提出的问题。你问我们对天价离职金的看法，我们认为这种做法很不可取，但是，这不仅仅是CEO的错。在许多情况下，他们只不过是受雇于人来收拾残局而已，报酬条款都是对方制定的。

这里有几点是极不可取的。第一，这笔数额庞大的离职金不应该在开始的时候就提出来。第二，董事会不应该忽视内部候选人的培养。现在，有一件事比培养内部CEO更为紧急，那就是指导和支持现任CEO把工作做得更好。

可惜的是，这个问题很可能越来越糟。原因是，迫于《萨班斯—奥克斯利法案》的压力，很多公司的董事会不得不临时抱佛脚，匆忙搞起他们根本不懂的微观管理来。如今，很多董事会身陷琐碎的会计细节，无暇顾及人才的培养，其中包括接班人计划。这是一件非常遗憾的事情。因为董事会本不应该插手管理上的事情，他们应该做的只是任用正确的企业领导人来管理企业，包括管理企业的现在和将来。

所以，在这一点上我们赞同你的看法。你想发泄自己的不满，我们也不想责怪你。公司将大笔的离职金交给那些没有把事情做成功的CEO令你开始怀疑整个资本制度，但是，如果你决定要痛骂一番的话，你就要看清楚——如果公司是从外面招聘的CEO，你就算是找到正确的抨击目标了。

WINNING THE ANSWERS

关于事业

生活、自由以及对事业有成的渴望

毫无疑问，人们提出的问题，不管是通过 e-mail，还是通过面对面的方式，绝大多数都涉及事业管理，或委婉地说，都是关于怎样获得成功的。一些问题问得很直接，就是想知道怎么解决眼前的问题，比如，MBA 学历是否很重要，怎样在面试中给对方留下深刻印象。但是，大多数问题问得很细致，涉及复杂的人生选择和与上司、同事相处的敏感话题。几乎所有关于事业的问题都有一个共同的特点，那就是高度的情感投入。这种急欲成功的动力是发自内心的，也是因人而异的。人们都想在生活和工作中有所建树（我们在下面的解答中会提到），如果用积极的心态来面对这些问题，事情总会有解决办法的。

43

我的前途在哪里？

我虽然还是一个学生，但我总是在想一个很重要的问题——怎么才能知道自己将来应该做什么工作？为了弄清这个问题，我看过很多指导书籍，参加了许许多多的活动，可是迄今为止，我还没有迈出职业之旅的第一步。能帮帮我吗？

——印度尼西亚棉兰读者

我的帮助就是告诉你，遇到这种问题的不止你一个人。

很多年轻人都不知所措，不知道该怎样迈出职业生涯的第一步。他们看到所有的同学和朋友都找到了薪水优厚、很有发展前景的好工作——或至少看上去是这样。他们听父母说做这个工作、做那个工作，或者是让他们再继续深造。像你一样，他们也阅读相关的书籍，参加一些相关的活动，急切地想找到“我将来应该做什么”这个问题的答案——但是，太多的答案往往让他们更加茫然。

说到这里你肯定很着急，因为你现在正面临同样的情况。没有关系，这很自然。但是，即使你迈出了职业之旅的第一步，你也未必会在这条路上走得很远。

因为，你必须面对这个事实：大多数人之所以事业有成，并不是从一开始就为自己树立了一个远大的目标并制订了实现这个目标的详细方案，大多数人的成功是循序渐进的。他们做的第一个工作是对他们有一些吸引力的工作——也就是说，感觉很可能与自己的技能、兴趣和目标相吻合的工作。但情况往往是，后来他们发现，这个工作不像自己想象的那样理想，于是，又换了一个更加适合自己的工作。再后来又发现，这个工作也不像自己想象的那样好，于是再换。就这样，换来换去，直到某一天——往往是找到第一个工作的数年之后，他们才找到自己一直苦苦寻觅可以“托付终身”的事业，也就是可以体现自己的价值、实现自己的目标的

事业的成功之路漫长而多舛，较少有一帆风顺的。在这里，汗水和能力至关重要，而运气有时也能发挥一定作用。

职业。这就是那个在开始之际你就渴望知道的工作——当时你无从知晓，因为当时你还没有开始工作。

但是，也许你不知道，即使是找到了一个“称心的工作”，也并不意味着你的职业生涯就可以从此一帆风顺。你在这里工作6个月之后，部门很可能会调来一位新上司；或许你的公司被收购，你的职位要进行变动或干脆被取消。于是，你的职业之旅不得不重新开始。

我们的看法是，事业的成功之路漫长而多舛，较少有一帆风顺的。这条路曲折向前、时断时续，有时候还要经历意想不到的挫折和坎坷。在这里，汗水和能力至关重要，而运气有时也能发挥一定作用。

现在，关键就是做好准备工作——你要了解公司成长和新兴市场的发展趋势，学习一些成功人士的发展之道，了解新出现的文化现象；你要与各个行业、有各种生活经历的人进行交流；你要积极参加面试，大胆地提出问题；你要用头脑和心灵去思考。

现在，关键就是做好准备工作；接下来，行动——接受工作。

接下来，行动——接受工作。记住，这不一定是那个你以身相许的工作。现在你需要的可能只是让你感觉不错、可以从此开始职业生涯的一个工作。

你一定会找到那个召唤你的事业——那个可以充分体现你的价值的事业。它将是你生命之旅的一部分。你将和其他人一样，一步步地走向成功。

44 选择一条正确的路

我现在 17 岁，正准备申请大学。我想选学葡萄牙语，想听一听您的看法。如果想在商业界有所发展，我应该选学哪一门外语？什么专业最有发展潜力？

——捷克塔博尔读者

你看中了葡萄牙语的一些优势，它可以帮助你了解几个很有潜力的市场，比如巴西和一些新崛起的非洲国家。但是，在我们看来，你应该学习汉语，将来在你走上工作岗位的那段时间里，中国很可能成为世界第二经济强国。任何想与中国做生意的欧洲国家，如果能够克服语言障碍，就等于是获得了速度和沟通上的竞争优势。

至于说选择什么专业，如果你想从事现在和未来几十年里最热

绝对没有什么比努力追求一条能够真正展露你的才华、释放你的热情、感动你灵魂的路更重要。

门的工作，你可以选择生物技术、信息技术和纳米技术三个领域交汇的任何一个专业。在可预见的将来，这些领域为市场提供的药品、设备、仪器以及其他产品和服务，将为社会和企业带来革命性的影响。

也就是说，在选择大学专业以及最终从事的职业时，绝对没有什么比努力追求一条能够真正展露你的才华、释放你的热情、感动你灵魂的路更重要。不管你从事什么行业，都要做那些能够吸引你、激发你灵感的事情；否则，你只是为了工作而工作，那会是多么枯燥的事情啊！

45

坦诚是你最大的卖点

> 作为一名上司，我的业绩已经相当不错，但我还想进一步提升自己，从事一些更具挑战性的工作。但是在面试的时候，我总是发挥不好。我觉得自己是最合适的人选，可是每次总在面试之后才想起该怎么回答那些问题。有什么好建议吗？
>
> ——南非约翰内斯堡读者

你的问题让我想起了一件事。我们两个中的一个曾经参与过一个招聘流程。当轮到一位条件相当好的求职者时，他大摇大摆地走了进来，第一句话就是："现在是你们问我呢，还是我问你们？"结果他没有赢得任何人的认可。

你不存在狂妄的问题——正好相反。可是，好像你也没有赢得任何人的认可。我们猜测这是因为你为了打动面试官而花了太多的心思去精心设计你的答案。

你把方向搞偏了。你的简历已经把你的学历和工作经验写得很清楚了。当然，你可以借面试的机会详细说明你的专业能力，或阐述简历上没有记载的特长。通过分析你的问题，我们觉得更重要的是，你应该向潜在的上司展示一个真实的你。也就是说，让他们知道你既是一个热爱工作、关心下属的优秀领导，也是一个真诚、愿意倾听、有自己的苦恼的同事，一个有爱好、有兴趣、有朋友的有血有肉的人，一个成熟、了解自己、能够与同事和下属建立信任及友爱关系的人。

面对任何面试，你都可以将真实的你作为最大卖点。不用再作秀，展现你真实的一面。

实际上，面对任何面试，你都可以将真实的你作为最大卖点。不用再作秀，展现你真实的一面。真正能够打动面试官的话语就在你的心里，你只需诚恳地把它说出来就行。

46
MBA 学历真的管用吗?

> 在过去的几年里，我注意到，有 MBA 学历的人，不管他们的这个学历是哪个学校颁发的，即使他们的工作经验和简历的整体情况都不如我，他们也都一个个地获得了管理职位，而且大多是高级主管和其他领导职位。我很不理解，一纸 MBA 文凭到底有什么了不起，能让一个初出茅庐的毕业生平步青云?
>
> ——南非德班读者

毫无疑问，MBA 学历确实能给你的脸上“贴金”。人们看重各种证书，虽然持有 MBA 学历的毕业生在能力方面良莠不齐，但是，一纸 MBA 文凭确实能让它的持有者立刻增色不少。对你来说，你可能觉得很困惑，但是，这已经不是新鲜事了。

在企业里，最终你真正唯一管用的证书是你的绩效。

同时，你也必须知道——MBA 学历的作用只能持续一年左右。它确实能帮助毕业生获得一个较高的起步薪水或层次更高的工作，或兼而有之。它能创造某种光环效果。在人们的心目中，MBA 应该出类拔萃、能力非凡，所以，上司对他们寄予厚望，在很多情况下，会给他们更多发挥才干和提升自己的机会。

但是很快，人们就开始看重 MBA 的绩效了。在绝大多数组织里，这是最重要的部分。是出类拔萃，还是水平一般就从这里见分晓了——不管是哪种情况，一纸文凭这时候都会被人们忘记。在企业里，最终你真正唯一管用的证书是你的绩效。

所以，当你看到身边平步青云的 MBA 时，不要把注意力只放在他们的文凭上。我们敢说，除了身上揣的那一纸文凭之外，他们在承担着很多重要的工作。首先，他们的业绩可能非常突出，全心接受并在日常行为中时时实践着公司的价值观。其次，他们很可能还积极进取、充满干劲，以乐观而又不乏现实的态度来迎接每一个严峻挑战。最后，他们还与身边的人分享成功的荣耀，借以提升整个团队的实力，让团队里的每个人都充满自信。换句话说，我们肯定，他们在一个更高的层次上积极地推动着公司的发展——他们是公司的新生力量。

不要误会。我们绝对不是劝大家不要考 MBA。这是一个很有分量的证书——它能培养你的批判性思维。在 MBA 课堂上，学识渊博、才华横溢的教授将向你阐述实用、先进的管理理念，你有机会和身边与你一样优秀的同学互相交流、共同进步。它确实能给你一个非常不错的起步薪水，让刚刚走入社会的你更具吸引力。但是，这种优势是有期限的，在随后的时间里，你的绩效将说明一切。

你身边那些平步青云的人很可能不像你想象的那么简单。他们之所以成功，不仅是因为在毕业那天获得的一纸文凭，还因为从那时到现在的卓越表现。

总而言之，你身边那些平步青云的人很可能不像你想象的那么简单。他们之所以成功，不仅是因为在毕业那天获得的一纸文凭，还因为从那时到现在的卓越表现。

47 给毕业生的忠告

我今年22岁，正踌躇满志地准备进入企业一展身手。请问，我怎样才能很快地崭露头角？

——美国俄勒冈州康瓦利斯读者

首先，把你在学校学到的一些“陈规陋习”忘掉。一旦你真正踏入社会——不管你是22岁还是62岁，也不管你是找第一份工作还是找第五份工作，想要有所成就，你只能加倍努力地工作。

多年来，人们一直在向你讲述恰到好处地完成任务的种种益处。在学校里，你接受的训练告诉你，能够完整地回答老师提出的每一个问题就可以得到满分。

那种日子已经过去了。要想在企业里得到一个满分，你必须扩展组织对你的要求，并且你的努力要超过他们对你的预期。除了必须完整回答“老师”提出的每一个问题之外，你还要回答他没有想到的多个问题。

你的目标应该是充分释放你的精力、创造力和洞察力，让你的上司更加敏锐，让你的团队更加高效，让整个公司更具竞争力。

换句话说，你的目标应该是充分释放你的精力、创造力和洞察力，让你的上司更加敏锐，让你的团队更加高效，让整个公司更具竞争力。

你可能认为过程会很艰辛，不必紧张。先进入公司，开始树立远大的目标。如果上司让你写一份公司某个产品在未来几年内的市场前景分析报告，你应该相信，他内心对这个问题已经有了清晰的看法，让你写这份报告只不过是为了确认他的直觉。这是普通职员做的事情。如果上司把这件事交给你，你就要进行广泛的调查工作，设法收集各种信息，然后对收集到的信息和数据进行精心的整理，让最后提交给上司的东西能够真正拓展他的思路。比如，你可以在报告中阐述整个行业在今后三年内可能发生的变化；市场上将会出现哪些新公司和新产品；哪些技术可能会影响未来的竞争格局；是否可能有一些公司（比如说你们公司）去中国开辟市场。

一方面，你要加倍地努力工作；另一方面，你要把自己对成功的渴望藏在心里。这样，你就会迅速实现自己的梦想。

换句话说，你的分析报告应该能够让上司震惊，让他对你心生敬畏。报告中的一些东西应该让他感到新颖、有趣，以便他能够将这些内容汇报给他的领导。这样，你的一些想法就能够推动公司的发展，同时，也推动了你自己的发展。

但是这里要注意一点，如果你的大胆、新奇、令人激动的建议被别人认为是不着边际的夸夸其谈或者是露骨的向上爬的工具，或兼而有之，那么，这种做法很快就会让你的努力前功尽弃。

没错——个人的雄心有时候会起到相反的作用。

注意，我们不是在打击你。实际上，你应该有自己的雄心，而且越大越好。但是，一旦你让别人知道你渴望事业成功，你就很可能被身边的人疏远，尤其是你的同事。他们很快就会怀疑你卖力工作的“企图”。他们会把你提出的所有建议，如怎样提高团队效率，看作你谋取个人利益的手段。最终，他们会将你视为一个追逐名利的人，而这顶帽子无论你怎样卖力工作都很难被摘掉。

总而言之，一方面，你要加倍地努力工作；另一方面，你要把自己对成功的渴望藏在心里。这样，你就会迅速实现自己的梦想。

48

毕业后选择大公司还是自己创业?

明年春天，我就要从一所名牌大学毕业了，我单身一人，而且基本上在外面没有债务。现在，我有两个选择，我可以回到暑期实习的那家大公司，和我比较喜欢的那些人一起做我比较喜欢的工作，也可以和另外三个朋友一起创业，这虽然是一个风险很大的赌注，但是它很可能给我一段令人兴奋的难忘经历。我该怎么办?

——美国加利福尼亚州帕洛阿尔托读者

21岁，没有任何外债或助学贷款需要偿还，你为什么还想和那家公司签约，去和许多人挤在一间大办公室的格子间里继续做你比较喜欢的工作？为了让你的父母高兴？为了在同学面前炫耀？不要这样！实际上，照你的条件，你甚至根本不必担心最爱你的人对你找到的工作不满意。

如果人生可以有机会冒一冒险、碰一碰运气、下一个赌注的话，那么这个机会就是现在。你可以把谨小慎微留在以后，留在当你在市中心买了一套公寓的同时又在郊区买了一套房子，并且需要支付两个孩子的学费的时候；或者是留在你的爱人喜欢豪华旅游、名贵油画，或者更吓人的赛马的时候。

如果人生可以有机会冒一冒险、碰一碰运气、下一个赌注的话，那么这个机会就是现在。

可现在，你处在人生中最为自由的时候。另外，到时候，你还将拥有一个很有分量的文凭。所以，请充分利用你现在的优势：敢于尝试的心态、吃苦的能力，以及大多数文化对青年人进行冒险并多次失败的宽容。

机不可失，时不再来。抓住这个机会吧！

49

成功从自信开始

> 我是一个年轻人，毕业时间不长。我思维活跃、雄心勃勃，想实现很多人生目标，可是有一个障碍我无法克服——害怕失败。我怎么才能让自己胆大起来？
>
> ——南非约翰内斯堡读者

你真正需要的不是胆量，而是自信。没有自信，你就不会有发展，好像你已经明白了这一点。

注意，到目前为止，只有你最清楚为什么自信一直躲着你。即使生来就缺少自信也没有关系，你可以通过后天培养获得。一些人早在母亲那里就获得了自信。那时候，他们第一次听到让他们开心的事情——妈妈说他们妙语连珠，将来肯定能获得诺贝尔奖；说他们个子长高了、更聪明了；说他们比小区里的其他孩子都漂亮。还有一些人的自信来自他们遥遥领先的分数，或学校体育场上的表现，不管是射门得分，还是被大家选为球队的队长。

但是，自信是从什么时候开始的，这却没有统一的说法。我们认识一位27岁的斯洛文尼亚企业家。他是从他父亲办成的一件事上受到了启发，进而获得了自信。在1991年，也就是这个国家刚刚从南斯拉夫独立出来的数天之后，他父亲费尽周折办起了一家很小的机床厂。今天，这个雄心勃勃的年轻人，刚刚从美国获得MBA文凭，正在创办自己的全球技术公司，他觉得世界上根本没有办不到的事情。

我们还认识纽约一个业绩斐然的共同基金经理人。他是在十几岁的时候第一次自信大增的。当他学会单独驾驶小船之后，他整个夏天都在波涛汹涌的科德角湾捕捞蓝鱼和条纹石鳕。“从那以后，”他后来告诉我们，“我觉得没有什么事能难倒我。”

真的没有他做不到的事情吗？绝对不是。这位共同基金经理人告诉我们，在他后来漫长的职业生涯中，他失败过很多次。在大学四年级的时候，他创办了一家通信公司，当公司发展到几百名员工、年销售额达到4 000万美元的时候，公司在他与先前的一个合作伙伴的一场费心费力、旷日持久的官司中夭亡了。数年之后，他又设法创办了一家咨询公司，但这家咨询公司也只维持了6个月。

每当挫折来临的时候，这位企业家内心磐石般的自信都能战胜对失败的恐惧。

你也必须将自己打造成那种具有磐石般自信的人，即使你现在一点基础也没有。

怎么才能做到这一点？制订宏伟的计划，幻想在一夜之间腰缠万贯、声名鹊起、永远消除对失败的恐惧，从而一劳永逸地解决自信的问题，这些都是不现实的。

这种事只发生在电影里。

在实际生活中，真正有效的方法恰恰与此相反，我们姑且把它叫作“小胜积累法”。

首先，制订一个现实的目标，这个目标既可以是工作目标，也可以是家务目标。不要把这个目标定得太高，给将来的进一步提升留下空间；在制订第一个目标的时候，不要对自己期望太高。

然后，实现这个目标。这个目标实现之后，你就会感觉好一些。

接下来，再制订一个稍高一点的目标。制订这个目标的时候，对自己要求严格一些，让这个目标对自己有一些挑战性。当你实现这个目标之后，感觉会更好。将这种方法继续下去，你会发现，你在缓慢而持续地进步着，你的自信在一点一点地增强。

这个方法很有效。我们两人中的一个（杰克）第一次当众发言大约是在40年前。那是一个容易让人紧张不安的场合，他事先演练

即使当小胜变成小失败的时候，也不要回到恐惧状态，要坚信你必将拥有那种磐石般的自信。

了很多次。为了发言的时候不让听众察觉他有口吃的毛病，杰克站在镜子前练习了好几个星期。到了发言的那天，他拿着精心打印好的稿子一个字一个字地往下念，神情紧张得就像是穿着紧身衣。他的发言实际只持续了 15 分钟，可是后来，他说这 15 分钟是他一生中最难熬、最漫长的 15 分钟。

但是，在解决难题的时候，没有任何办法比这种循序渐进、稳扎稳打的方法更为有效。几十年来，杰克给许许多多的听众做了很多场演讲，现在，他可以在数千人面前不用讲稿毫不紧张地回答大家的问题。现在，对他来说，当众发言是一件很开心的事情。

你应该振作起来，设法增加自己的信心。以前，杰克也不是每场演讲都很成功，他也是经过了很长一段时间之后才能够充分体会到演讲的乐趣。但是，即使当小胜变成小失败的时候，也不要回到恐惧状态，要坚信你必将拥有那种磐石般的自信。弄清楚失败的原因是什么，制订下一个目标，重新开始。

这个过程没有终点。随着时间的推移，你给自己设定的目标将越来越高。在这个过程中，偶尔也会出现失败，但是，你将越来越少地将它和恐惧联系在一起。

到时候你会发现，每一次失败都能告诉你一些你必须知道的新东西，所以，你应该重整旗鼓，再次向这一目标发起冲击——带着更多的胆量。

50
导师，近在咫尺

关于事业发展的文章往往离不开一个主题："找一个好的导师"，这不是没有道理的。导师确实对许多人的人生之路起到了非常关键的指导作用，他们为我们打开通往知识的大门，给我们传授宝贵的人生经验。有什么办法能让我这个 24 岁的年轻人和像比尔 · 克林顿、沃伦 · 巴菲特这样的人物见上一面，哪怕只见 30 分钟也行?

——美国纽约读者

我们的建议是，你找错对象了。毫无疑问，克林顿先生和巴菲特先生都可以给你提供一些深入的看法，告诉你怎样在人生和工作中有所成就。但是，导师不是抽出 30 分钟见你的名人。坦诚地说，导师也不是你们公司里每隔一周在你身上花一个小时的高级主管。

> **不管是哪一种情况，理想的指导关系都意味着抓住每一个机会学习——向每一个愿意给你提出建议的人学习。**

找这些人做导师并没错，只要你还拥有很多其他导师。这正是我们的观点。每个人都想聆听那些大师级人物的职业建议，但是这样的机会很少。你必须让自己在事业发展过程中遇到的每一个人都成为你的导师，虚心向他们请教。

当然，许多公司不提倡这种指导方式。他们实施正式的指导方案，让有潜力的年轻人和年龄稍长而又阅历较深的同事结成小组，让他们定期进行帮扶交流。但这种指定的指导作用不大，它只是便于双方交流类似于怎样从公司的福利制度中捞取最大好处这样的问题。这种指导缺乏来自内心的真正交流，与工作相关的内容也很少，而这种关系也往往很快就成为一种毫无意义的形式。

相比较而言，最理想的指导关系是非正式的、牢固的指导关系，与你结成这种关系的不仅可以是你的任何一个上司，也可以是你身边的同事或下属——也就是说，只要是可以扩展你的知识和思维的人都可以成为你的导师。这种指导关系可以存在于组织内，也可以存在于组织外；可以存在于部门之内，也可以存在于部门之外；既可以持续几个星期，也可以持续你的一生。这种指导关系可以发展成友谊，也可以一直保持纯粹的工作关系，但是，不管是哪一种情况，理想的指导关系都意味着抓住每一个机会学习——向每一个愿意给你提出建议的人学习。

我们并不是说，你不应该想办法聆听一下那些世界顶尖人物的教诲——他们能够给你带来更为权威的建议，但是，我们这里建议你采用一个较为持久的指导方案。好的点子到处都有。在发现了一个好点子的时候，你就增加了一次接受指导的经历。

51
选择好公司还是好上司?

> 在好公司里的蹩脚上司手下工作好，还是在烂公司里的好上司手下工作好?
>
> ——美国伊利诺伊州芝加哥读者

在我们周游世界的时候，很多人向我们提出这个问题，人们在答案上的巨大分歧也让我们惊讶不已。我们之所以感到如此意外，是因为这绝对是一个简单得不能再简单的问题。如果必须在这二者之间进行选择的话，一定要选择在好公司里工作!

说一说我们的理由。如果你在一个好公司里认真工作，公司的领导迟早会发现这个不称职的上司，并把他辞掉。这可能需要时

> **优秀公司的声誉将为你未来的发展提供一个极有分量的资质证明。**

间——几个月、一年甚至更长时间。如果是这样，你有可能因为在“艰苦”条件下的出色表现而获得提升。毕竟，在职业生涯中，每个人都可能在某个阶段遇到和忍受一些喜怒无常、卑鄙龌龊或者毫无能力可言的人。

即使你没有因为过去的“艰苦工作”获得提升，你的境遇也会有所改善。公司也许会给你调来一位好上司，或者你也可以去其他部门寻找其他新机会。记住：在一个优秀的公司与一群优秀的人在一起工作的经历非常重要。优秀公司的声誉将为你未来的发展提供一个极有分量的资质证明。

现在，我们来看看另外一种情况。毫无疑问，能有一个优秀的上司是人生中最好的体验之一。优秀的上司能让工作变得轻松有趣，使你更了解工作的意义，他们还能在各方面关心你。优秀的上司可以让你对工作环境产生家的感觉。有时候，他们甚至让你感觉好像找到了一个失散多年的好友，或是获得了父母的赞赏。

但是“好上司—烂公司”这种组合就像是铺着天鹅绒的棺材。所有的上司最终都会离开——不是被提升、辞退，就是调任到其他部门。有朝一日，你的这位好上司也会离开你。实际上，在烂公司任职的好上司更可能离开，因为他们的压力更大——除了正常的工作之外，他们还要“保护”他们的下属不受公司其他问题的影响。这一负担或者让他们身心疲惫，或者让他们在公司里深受排挤，或兼而有之。不管是哪种情况，一有合适的机会，他们马上就会离开。

换句话说，在一个烂公司里，好上司给你的关照只是暂时的，用不了多久，他们就会离开公司。但是，你还在那里，而且你无力改变公司的现状，你将被牢牢地“套”在那里。在一个二流企业或者是声誉很差的公司里工作的人很难找到新的工作，就好像身上有了污点。

在某种意义上，这个问题就是让人们在短期利益和长期利益之间进行选择。从短期来说，在一个不称职的上司手下工作，即使这是一家很优秀的公司，对你来说也很可能是度日如年；但是，从长期来说，这位上司离开之后，至少你有了升迁的机会。

当然，在一个优秀的上司手下工作，从短期来看，很可能是轻松惬意的，即使这个公司处于迅速衰落的时期也是如此；但是，从长期来看，这些轻松快乐的经历给你留下的只有负面的影响。你的上司将离开你，给你留下的只是一个二流的职业资质和美好的回忆。

所以，为了将来的发展考虑，不要让这种回忆影响你的未来。

52
被并购后，要接受现实

> 我所在的那家小公司最近被一家全球性的跨国企业给收购了。我看不惯他们的做法。为了把我们完全改造成像他们一样的人，公司的新老板首先就要破坏我们值得他们收购的价值。我喜欢我们原来的公司，我打算离开这里。我该走还是该留？
>
> ——美国佐治亚州亚特兰大读者

你提到“公司的新老板”“我们原来的公司”时，你的语气已经说明了问题。你听起来就像是那种自从出现公司收购以来每一次公司收购活动中都会出现的老顽固。你是一个抵制变革的人。如果你不改变你的行事方式，你恐怕在这里待不了多长时间。

现在，我们一点也不想淡化收购交易的难度。当你们公司被收购或并入另一个企业的时候，即使是“平等合并”，对被合并的企业来说，给员工的感觉都好像是企业死了似的。过去的一切工作关系突然不复存在，曾经拥有的一切荣誉都将被人忘却。未来一下子让人觉得变化莫测，形势似乎骤然严峻起来。总之，对于被收购企业的员工来说，公司收购往往让人感觉非常可怕。

但是，你必须面对现实。优秀的公司（买方）在进行收购交易的时候，感觉往往非常好。他们激动、兴奋，对前景非常乐观，憧憬着可能从当前交易中获得的各种机会。（毕竟，他们为收购的顺利实现付出了不菲的代价！）其中一个机会就是从被收购的公司里发现他们需要的优秀人才。事实上，精明的收购方往往总是想着，“我们又可以从一大批新员工中挑选人才了”。

在新老板设法从合并过来的团队中物色最佳人选的时候，他们看重的是两个方面：能力和专注——他们要求心目中的人选同时具备这两个特点。仅仅有能力是不够的。事实上，我们参与和观察过数百个并购活动，让我们印象特别深刻的一点是，公司更愿意吸纳那些认同新公司行事方式的人，而不是那些抱残守缺的人，即使后者的智商更高。没有一个收购方愿意收留那些整天张口闭口“过去的好日子”的人——他们有多强的能力都不重要。

总而言之，收购方认为，如果你不赞同这一收购，你就是反对它。即使你以为自己掩饰得很好，新老板还是能够感觉到你的抵触情绪。如果事实如此，那么不用多久，是去是留就由不得你了。

> **想办法让自己欣赏你的新上司，认同新公司的价值标准和工作惯例，伸出双臂，热情地拥抱你的未来——不管在前面等待你的是什么。**

注意，变革是痛苦的，但对于企业来说，这又是不可避免的。你最好和美好的回忆说再见，因为那已经是过去的事情了。想办法让自己欣赏你的新上司，认同新公司的价值标准和工作惯例，伸出双臂，热情地拥抱你的未来——不管在前面等待你的是什么。

如果你做不到这一点，也就是说，如果你实在无法接受现在的公司就是你原来的公司这一点，那么你还是趁早离开吧。抵制变革的人是不可能如愿以偿的。过去的日子已经一去不返了，如果你还对过去的日子念念不忘，那么，你就是在破坏将来的好日子。

53 你是真的怀才不遇吗？

在 16 岁之前，我赢得了当时我可能获得的一切：体育奖牌、奖学金，还追到了心仪的女孩。不知不觉地，这些荣誉和成功让我对自己的能力深信不疑，这种自信一直保持到现在。顺便说一句，我已经 32 岁了。但 17 岁时，情况急转直下，我开始走下坡路，那些有权力、有影响的人总是跟我过不去，除了有位导师对我说过我让他想起了“年轻时候的他”。照这样下去，我肯定不会在公司里有什么发展，而且很有可能被开除。难道大学里的明星就要就此暗淡下去吗？

——英国伦敦读者

我们对你的前途非常乐观——真正狂妄自大的人（这里实在找不到一个更好的词）是意识不到自己的这一缺点的。一般情况下，人们会把自己没有获得职业升迁的责任归到别人身上，看来你了解自己存在的一些问题。尤其难得的是，你已经开始寻找解决问题的办法了。

就我们而言，你的主要问题在那些经历了一连串成功的年轻人中很常见。你的自信不是在增长，而是在迅速膨胀。骄傲自大的人往往会逐渐养成各种各样让人讨厌的习性：他们傲慢自大，在同事和下属面前表现得尤其明显；他们把全部的成绩都归功于自己，看不到别人的付出；他们固执己见，盲目自信；他们“打击自己人”的做法是所有团队领导都非常忌讳的，所以，难怪你说“那些有权力、有影响的人”总是跟你过不去。你可能头脑灵活，能够出色地做好你的本职工作，但是你骄傲自大的性格会损害整个组织的士气，最终破坏整个组织的绩效情况。

你可能头脑灵活，能够出色地做好你的本职工作，但是你骄傲自大的性格会损害整个组织的士气，最终破坏整个组织的绩效情况。

这样下去，你很可能会失去这个工作，不过你已经看出了这一点。很好，这是你重塑职业形象的第一步。可惜，这个想法你可能无法在你当前的这家公司实现了，因为你已经毁掉太多的“桥”了。所以，我们给你提出以下建议：从今天起，将你所有的消极行为详细地列出来。告诉大家你打算改变这些不好的行为，请你的上司、同事和下属直言不讳、毫不隐瞒地给你提出反馈意见。如果面对面说不出口的话，可以用匿名或书面的形式告诉你。当人们将累积已久的不满倾吐而出的时候，你要准备好一场痛苦的觉醒。

对了解到的情况进行分析之后，你可以在当前的这家公司尝试着纠正这些行为，也许，人们很可能对你的谦恭感到高兴，从而愿意帮助你提高，所以，他们会给你第二次机会。但是很有可能，在取得了初步成绩之后，你还需要进一步改变自己，因为你给公司带来的一些消极影响不会轻易消除。（也许，到一家不了解你的“坏名声”的新公司也不失为一个好办法。）

当然，在另外找工作的时候，你很可能会受到来自以前公司那些负面评价的影响。他们对你灵活的头脑给予了很高评价，但同时，你在骄傲自大方面的“得分”也很高。只有一个方法可以解决这个问题——百分之百地坦诚。告诉你潜在的雇主，你因为先前的成绩而骄傲自大，所以没能有所建树，但你已经深刻地吸取了教训，现在很想找一份新的工作来纠正这些错误；让对方相信，

你过去的失败经历将给你造成很多负面影响，这是无法掩饰的。但是，有眼光的企业最终将看重你先前取得的成绩、你的突出才干和你新具有的坦诚和成熟。

你决心和整个团队的其他成员好好合作；同时告诉他们，为了实践自己的诺言，你将经常请求他们给你提供反馈意见。

你过去的失败经历将给你造成很多负面影响，这是无法掩饰的。但是，有眼光的企业最终将看重你先前取得的成绩、你的突出才干和你新具有的坦诚和成熟。好运就在不远处等着你。我们相信你！

54

你适合自己创业吗?

> 目前，我在一家小型的组织发展公司担任咨询师，我梦想创办自己的公司。怎么才能知道我是否具备企业家的素质？一想到这个问题，我的内心就很矛盾。
>
> ——南非约翰内斯堡读者

你内心的矛盾让你犹豫不决，这种情绪也让我们犹豫不决——真的。即使你没有举棋不定，你的创业之路也将很艰难；而如果你举棋不定，这条路将更加艰难。

企业家应该具备什么样的素质？从你提出的这个问题可以看出，自己创业的想法最终还是让你难以释怀。这个问题本身说明，你清楚有关创业的一个根本情况：自己创业与在公司工作有着本质

> **真正的企业家不仅仅有一个针对市场情况的独特的价值主张，他们还深深地痴迷其中，执着地追求心中的理想。**

的不同。顺便说一句，我们并没有对成就事业的两种方式进行价值标准上的判断，我们只是说，虽然两种生活都可以让你事业有成，但是它们之间确实存在不同之处。

这里有4个问题。如果你对所有问题的回答都是肯定的，那么你就丢掉内心的矛盾，大胆地行动吧。因为，你已经具备了自己创业的全部条件。

第一，你是否有一个竞争对手无法匹敌的、可以增强产品或服务吸引力的超级创意？有时候，人们只是向往企业家的生活方式——自主经营、大权在握、富甲一方——而没有实现这一切必备的超级创意。真正的企业家不仅仅有一个针对市场情况的独特的价值主张，他们还深深地痴迷其中，执着地追求心中的理想。他们满腔热情，坚信自己找到了自从发现重力定律以来最伟大的发现。他们知道目前迫切要做的事情就是把它推向整个市场，满足人们的相关需求。

第二，你是否能够在经受一次次拒绝之后仍然保持脸上的笑容？要自己创业，你必须投入大量时间去说服（有时候甚至是乞求）风险投资家、银行和其他投资者给你投资。碰壁和失败是家常便饭。没有人愿意被别人拒绝，但是，要想成为企业家，你必须具有百折不挠的毅力，不能在挫折面前退缩。真正的企业家往往是那些在挫折中越战越勇的人，别人的拒绝只会激起他们把心中的创意推销出去的决心和斗志。

第三，你讨厌前途未卜的境况吗？如果你的回答是肯定的，那就不要再看下去了。要想自己创业，你在死胡同里徘徊的时间将比找不着家的猫还要长。因为你要寻求资金、寻求最新的技术或服务理念，更不要说创办企业还要具备其他各种条件。如果不是在死胡同里，你就像是身处波涛汹涌的大海中一条漏水的小船上——说得更直接一点，你经常是倾其所有、孤注一掷。如果你是企业家，你会觉得这充满乐趣。

真正的企业家往往是那些在挫折中越战越勇的人，别人的拒绝越发激起他们把心中的创意推销出去的决心和斗志。

第四，你的性格是否能吸引优秀的人才和你一起追逐梦想？虽然，在创业的初期，你可能是一个人干。不过，要想有所发展，你必须招募一些优秀的人才和你一起干，但是，你又支付不起他们高额的薪水。怎么办？发挥你的一项专长——让对方也像你一样痴狂于你的梦想。你必须具备这个能力，让你的追随者成为你的信徒。

真正的企业家，往往倾其所有，孤注一掷且乐在其中。真正的企业家可以让追随者成为自己的信徒。

我们一点也不想打击大家自己创业的信心。而且自由市场的健康发展离不开企业家的努力，他们是世界各国经济良性增长的血液。但是，你必须清楚一点：自己创业和给别人打工完全是两回事。

如果这个念头让你焦虑、不安，那你就停在原地别动；如果让你兴奋、激动，那你就可以放手一搏。

55

绩效高了，奖金为何少了？

我很郁闷。今天，我收到了我的年终奖。我发现，它比去年的少了10%。问题就在这儿。一年前，刚进入这家公司的时候，我只是个见习秘书，通过在业余时间进行学习，我拿到了公共关系的学位；6个月之前，我被提升为公司通信部的正式员工。在新的职位上，我完成了上司交给的任务，收到了上司的表扬信。现在，我的工作量比以前更大了，可是奖金反而少了！我该怎么办？

——南非约翰内斯堡读者

你的来信没有提到两个情况，这两个情况对了解年终奖非常关键。那就是公司今年的总体效益怎么样？你们部门的绩效如何？如果这两个问题中有一个问题的答案是“不如去年”，那么你的年终奖少了 10% 的原因就水落石出了。

另一种可能性是公司内官僚主义导致的疏漏。你原来部门的上司和现在的上司没有交接好你的工资情况，或者人力资源部没有及时调整你的工资。

但是，也有可能是第三种情况，你要认真、全面地分析一下整个公司和部门的运营状况如何：你可能完成了你的任务，但是你的绩效只是比较好。你的绩效是上司根据对你的期望值和对部门其他同事的期望值进行评估的。你的表现不错，可以收到积极的反馈，但是距离上司对你的期望，或者说与你的同事相比，你还有差距。

如果你想让获得学历的付出真正有所回报的话，走出现在的公司，你实现自我价值的可能性会更大。

当然，弄清楚问题的唯一办法是与你的上司推心置腹地谈一谈。约定一个时间，用平和的语气请他对你说一说年终奖的事情。与他交流的主要目的是了解情况，所以，你要多听少说。另外，尽早解决这个问题，不要让困惑引起怨恨，因为，这种怨恨很快就会变成愤怒。

最后一点，对于在工作过程中获得了学位的人来说，还有一个更为常用的办法。根据我们的经历，一旦你利用晚上或其他业余时间提高了自己的学历，你最好是另外换一家公司。公司主管很容易对公司内部员工形成一种所谓的“刻板印象”，即使你获得了学位，并且工作效率有所提高也是如此。如果你想让获得学历的付出真正有所回报，你可以拿着你新获得的学历到其他地方试一试。走出现在的公司，你实现自我价值的可能性会更大。

56
为什么没人聘用我？

目前，我惨淡经营着一家小型的管理咨询公司。公司之所以不景气，主要是由于资金来源问题。几个月之前，我决定关闭公司，于是我开始向外投递简历，想申请一个主管职位——可是结果呢，说得委婉一点，很不理想。您觉得问题可能出在我的简历上，还是我的面试表现不够出色？一句话，我怎么才能走出目前的困境，把自己推销出去？

——南非约翰内斯堡读者

我们还是面对现实吧。咨询师一般很容易找工作。一般来说，他们的学历都很高，在某种程度上通晓某些批判性思维的技巧，并且既拥有广泛的行业经验，又熟悉最新的管理工具。事实上，你没有被那些公司慧眼识中，说明你不仅仅是简历和面试时的临场发挥有问题，你的预期也有问题。

你是否想过，你的目标是不是太高了？毕竟，你的主要资历——或者说，至少你最后获得的资历——是你现在经营的这家公司，而且这家公司目前经营不善。很明显，对任何潜在雇主来说，失败者是不受欢迎的，所有企业都青睐成功者。

现在，怎么才能走出你所说的“困境”？第一，积极寻找并在面试中努力争取比你目前考虑的职位低一个层次的工作。你的处境非常严峻——重新加入到打工族的行列，你可能很难找到主管的职位。如果想再次踏进公司的大门，你可能必须先从没有任何管理职权的基层员工做起。这可能会打击你的自尊心，你的收入可能也会受到一定影响，但是，如果你确实是优秀的，如果你能够用实际行动来证明你的能力，你的职业将很快走上快行道。

如果你确实是优秀的，如果你能够用实际行动来证明你的能力，你的职业将很快走上快行道。

第二，在降低预期的同时，拿出坦诚的态度，开诚布公地向用人单位推销你自己。不管是在简历的填写上还是在面试中，都不要回避你现在经营的这家咨询公司的困境。不要推脱责任，说什么

“缺少资金来源”之类的话，好像公司经营不善是你无法控制的。你是公司的老板，而你不能筹集到足够的种子资金、开发到足够的客户或提高自己的利润，这完全是你自己的能力有问题。你要承担自己在经营不善中应该承担的责任：坦诚地告诉对方，你的失误在哪里，将来你打算怎样避免这些失误；告诉对方你从这段经历中获得了什么经验、你的业务能力有了哪些提升，比如，你学会了更深刻地分析问题、学会了如何果断决策等。你的简历只能让对方了解你的大致情况，但是你的坦诚——还有你希望重新开始的热切请求——可以打动潜在的雇主，这比任何言语都更有效。

第三，要有一个积极的心态。从失败的阴影中走出来，去找一份新工作不是一件容易的事情，这个过程往往要比我们想象的时间更长。虽然困难重重，但是失望、愤怒等消极情绪会对你目前找工作更加不利。还有你的萎靡不振、你的举止，无论你怎样掩饰，还是会影响你在潜在雇主面前的形象。你还可以私下请朋友和家人帮忙，尽快走出情绪的低谷，以积极乐观、坦诚率直的态度来面对潜在的雇主，让大家相信你可以重塑你的事业，也可以为新工作倾注你尚未开发的全部潜力。

57

是去是留，当机立断

我现在处于一个道德上的两难境地。我在一家制造企业里担任咨询师，在这里，我用概念性工具帮助公司改善流程。但是我注意到，公司主管对我工作的重要性不以为然，认为我对公司没有什么贡献。可是，如果我就此离开公司，我又觉得对我的经理不够忠诚，而如果留下来，我的工作很可能永远得不到他们的正确评价。我该怎么办？

——巴西圣保罗读者

你面临的不是道德上的两难，而是一个典型的职业问题，解决的办法很简单：从现在的公司走出来。

你的公司不重视你的工作价值，因此你的对错恐怕一点都不重要。你的工作可以极大地提升公司的潜在利润，但是，如果你的上司根本不这么想，那你永远只是对牛弹琴。为你自己考虑考虑吧，另找一个地方，找一个领导重视你那些概念性工具的地方。你走之后，你的经理很可能不会感觉你有什么不忠，他心里很清楚事情的原委——他早希望马上换一个与领导的想法一致的人。

顺便说一句，我们说你的问题很“典型”，是因为这个问题很普遍。事情的开始往往和你的情况一样，员工逐渐感觉到，自己的工作无论做得多么出色，领导都会视而不见。当员工沮丧、不满，上司恼火的时候，形势就开始急转直下。随着嫌隙逐渐加深，员工的绩效就会越来越差，这样用不了多久，双方的不满就会爆发。

你可以友善、平和地离开现在的公司，这对公司和你的声誉都有好处。但是，你必须及早行动——尽早离开吧！

然后，不是老板辞退了员工，就是员工愤然离开。幸运的是，你的情况还不算太晚，你还有时间避免这种结局的发生。你可以友善、平和地离开现在的公司，这对公司和你的声誉都有好处。但是，你必须及早行动——尽早离开吧！

58
政界的潜规则

> 我今年 22 岁，刚走出佐治亚大学的校门。我在大学学习的专业是金融。我把每个暑假都投入到了很有意义的企业实习中。我现在是美国参议院的雇员，虽然这里的工作让我兴奋不已，但我暂时还是很难从企业的思维方式调整到公共部门的思维方式。我该怎么办?
>
> ——美国华盛顿特区读者

欢迎你来到政界发展。在这里，你过去几年里学到的所有商业价值标准通通失去了意义。我们在这里所说的价值标准是指制订明确的目标、按劳分配、生产率和效率。在学校里，教授曾向你们反复宣讲这些价值标准的重要性；在暑假实习的时候，你的上司也是如此要求。但是政界的价值标准完全不同，你说你很难调整，这说明你已经认识到了这个问题。

不要着急。

你现在的工作是国家体系的一部分，这个体系在保证社会的良好运转方面发挥着至关重要的作用，难怪你感觉在政府部门中工作非常自豪。你这一步走对了。

你说有些事情在困扰着你。如果要我们来猜测的话，嗯……那就是政界的潜规则——官僚主义、折中的艺术、政治密约、互惠、特权、缺少差异化和坦诚。“我给你好处，你也不要忘了我”的心理就是政界的鲜明写照。这完全与自由竞争的原则相悖，不是吗？

没错——而且也没有变革。政府部门里充斥着低效率的哲学。大多数国家的政府部门都是如此。

政界的潜规则——官僚主义、折中的艺术、政治密约、互惠、特权、缺少差异化和坦诚。

这对于一些人来说不算什么，因为他们已经立志在政界发展；而你这么快就感觉到不自在，应该和他们不是同一路人。你的未来应该在私营企业。

别着急，这也是一件好事情。在政府部门工作数年，对你经营企业非常有益，因为你可以了解政府部门的办事规则和行为方式，这可以帮助你解决将来可能面对的各种问题，尤其是当你做到了公司高管的时候。

但是反过来却不行，也就是说，管理企业的经验很少能帮助人们在政坛上有所建树。委婉地说，确实如此，很多国家的首都都有一些CEO出身的高级官员，但是能够在政界做出成就的屈指可数。

为什么？具体原因谁也说不好，但是我敢保证，他们也肯定和你一样失望——只是他们的失望更深、更重。

59

审时度势，早做打算

您认定做领导应该坦诚，这我同意。但是，在有的公司里，领导会将那些尖锐的问题打入“冷宫”，很少提及，如果有人执意追问这些问题，他们就给他穿小鞋，或干脆让他走人。对于在这种领导手下工作的中层经理，您有什么好的建议吗？

——美国明尼苏达州明尼阿波利斯读者

恕我直言，在回答这个问题之前，我能否问一个可能让你不快的问题——这是不是你面临的问题？你说的这种情况确实存在，而且层出不穷。领导们回避“尖锐的问题”，因为这些问题很容易让他们下不了台，而其中建设性的内容又很少——提出这些问题的人也属于同一种性质。

如果这是你面临的问题，而且你觉得自己能够接受这个让人不快的事实，那么，我的建议是，把你的精力放在真正的工作上，否则用不了多久，你也该被打入“冷宫”了。

假如这个问题和你的境遇无关，这个问题就显得意味深长了，或者说是不好回答。在这种情况下，你可能处于两种情形中的任何一种中，每一种情形都不是最理想的；同时，不管属于哪种情形，你都要做出决定。

也许是你的上司有问题——也就是说，你的上司是个刚愎自用的人，他不愿和你们进行坦诚的对话，尤其当涉及那些可能产生争议的问题时。在这种情况下，如果你还非常热爱你的这份工作，最好耐心等一等。在大多数优秀的公司里，公司的高层很快就会发现这种打击员工创意的人，并将他们从公司里清除出去。

你们的文化也有问题。也就是说，你们公司的大多数领导没有欣赏员工“建设性好奇”的习惯。在这种情况下，你就要问自己一个问题：你现在这份工作带给你的好处是不是足够让你忍受那些不愉快的方面？

这个问题的答案可能是肯定的。

以我们的一个朋友为例。12 年前，他受雇于一家小型咨询公司，担任公司的物流总监。从那时起，公司的经营效益稳步发展。

可是公司的三位合伙人仍然固执地不和员工交流，员工根本不知道这些合伙人心中的想法，不知道公司的发展方向是什么——是顺着这个方向继续走下去，还是有所调整；也不知道他们怎样看待每个员工的绩效。结果，公司的员工总是对公司的战略和资源部署焦虑不安、困惑不解。

但是，我们的朋友并没有打算离开。一来，他的薪水很可观，二来，这家公司离他住的地方很近。他说，他非常喜欢这个工作，也喜欢那里的绝大多数同事。但他也承认领导层缺少坦诚直言的习性确实让他受不了，他“时常”感到这种习性肯定“在相当大的程度上”影响了公司的发展。

但是，他又说：“我的工作质量获得了领导的认可，由此换来了良好的生活质量，我觉得这很值得。”

你也可以像我们的这位朋友一样，学会适应你的工作环境。如果你觉得忍受不下去，你现在就该另外找一份工作了。如果你采取中间路线——仍然待在这里，整天在私下里抱怨、不住地发牢骚，这家公司很快就会成为你的伤心之地——你将被上司清除出去。出现这种情况的人往往将自己看作落

只有你知道自己最终该走哪一条路。你可以选择这样，也可以选择那样，但是一定要选择。

魄的英雄，而上司会将他们看作不识时务、打击别人热情的蠢材。千万不要走到这一步！

只有你知道自己最终该走哪一条路。你可以选择这样，也可以选择那样，但是一定要选择。

60
你讨厌上司吗?

> 我和妻子经常能在我们工作的《财富》500强企业里看到无能的、容忍愚蠢决策的、缺乏职业水准的领导。为什么找一位值得你尊重、拥护和学习的经理那么难?
>
> ——美国伊利诺伊州巴灵顿读者

这不是一件难事。只是，这需要你具备一种心态——这种心态你可能很难获得，但这不是你一个人独有的问题。

事实上，我们每个星期都能收到几封提出类似问题的e-mail。虽然措辞和具体细节不尽相同，但是问题的基本内容往往大同小异：为什么公司里只有我遇到这个问题?

可以看出，你感觉周围的每一个人都不称职已经不是一天两天了。毕竟，公司是人组成的。既然是人，就可能犯错误，就可能有能力一般的人，就可能有玩弄手腕、暗中做各种手脚的人。这种“众人皆醉我独醒”的看法于你是危险的，不是因为它会扼杀你的职业发展，而是因为它根本就不正确。如果每位经理都愚不可及，那么，你怎么解释当今蓬勃发展、各种创新产品不断涌现的金融服务业，还有不断延伸的生命科学领域？实际情况是，绝大多数公司每天的经营效率都非常高，它们每天在开发、生产、销售和配送数百万种产品，收获数十亿美元的利润。如果每位经理都平庸无奇的话，这一切根本不会发生。

我们建议你反思一下自己的心态，看看是什么原因让你戴着一副灰色眼镜来看待整个企业界。说得直接一点，我们怀疑你天生就对上司心存芥蒂。

在此，我们建议你反思一下自己的心态，看看是什么原因让你戴着一副灰色眼镜来看待整个企业界。说得直接一点，我们怀疑你天生就对上司心存芥蒂。

人们很少认为自己在和上司过不去，而往往将自己看成是仗义执言的献身者。他们会说自己是“以真理说服权力”。不要相信这种说辞，天生就对上司心存芥蒂的人确实存在。不管是在大公司、小型家族企业、合伙企业、非营利性机构、报社，还是政府部门，都有这种人。不管在什么样的上下级关系里，他们都很难改变尖酸刻薄的习性，总是对“制度”说三道四。虽然这种态度背后的原因各不相同，但是他们有一个共同的特点：对组织里所有级别高于自己的人的价值视而不见。

有趣的是，在一个组织里，这一类人往往喜欢扎堆儿，一旦达到一定人数的时候，他们就开始变得直言不讳。这种人的智商往往比较高，这真是一件遗憾的事情——他们没有把高智商用在寻找提高工作效率的好点子上，而是专门盯着组织的各种不完善的方面和领导们不可理解的错误行为。

当然，他们的高智商能够让他们在短期内有所发展，但是，组织很快就会发现他们内心的不满，之后上司就会采取相应措施疏远他们，或者采取更严厉的对策。

也许你不是这种天生就对老板不满的人，但是，你提问时不加区别的语气在很大程度上与那些“上司憎恨者”的特点相吻合，我们建议你反省一下自己，是不是感觉遇到的每一个上司都有问题？

你是不是只要使心胸更开阔一些就可以解决这个问题？

61
重拾旧业从拿浮动薪水开始

我今年58岁了。两年前，我不得不从中级销售管理职位上“提前退休”。从那时起，我一直想办法重拾旧业，虽然我递出了成堆的简历，几乎走了所有的“后门”，但是一直未能如愿。我有的是精力，所以不想放弃。我该怎么做才能成功?

——美国密苏里州堪萨斯城读者

可能是那些没有活力的传统公司认为你的年龄太大，跟不上现在新型的销售方式了，或者是因为其他问题他们不愿意聘用你。现在，你至少还有一个选择：告诉用人企业，雇用你不会有任何风险。

换句话说，你应该找一个薪水完全浮动的工作——按照提成来

我们相信，如果你对雇主说出那句“芝麻开门式”的咒语——“让我试一试，我不要工资”，前面的道路就自然宽广了。

计算工资，只需很少的底薪或不要一分钱的底薪。我们相信，对于你这样的一个销售老手来说，找一个这样的职位应该不费吹灰之力。凭借你的经验和决心，你很快就可以让你的雇主刮目相看。你需要做的就是迈出第一步。我们相信，如果你对雇主说出那句“芝麻开门式”的咒语——“让我试一试，我不要工资”，前面的道路就自然宽广了。

62
经理人培训有用吗?

近来，经理人培训非常火爆，这种培训真的管用吗?

——苏格兰爱丁堡读者

一般来说，答案是肯定的。当然，培训的效果取决于培训师的水平。这个领域没有什么专门的培训和从业证书，咨询的质量如何，你只有听了以后才知道。这个领域也确实有一些冒充内行的人，他们只给你兜售一些你爱听的东西，还有一些非常深奥、他们自己都从来没有实施过的理论。很显然，这些培训根本没有任何意义。

比较而言，优秀的经理人培训师能够提供真正有意义的服务。

优秀的经理人培训师会告诉你别人需要极大勇气才能说出来的“坏消息”。

他们会看着你的眼睛，告诉你别人不会说、不敢说的东西，尤其假如你就是他的上司的话。他们传递给你的信息是：你没有去认真倾听，或者你对董事会逢迎巴结，对下属却傲慢无礼。他们会告诉你，你可能过于听信某些不明智的建议了。他们还会告诉你种种别人需要极大勇气才能说出来的“坏消息”。

你面对的挑战就是听一听他们讲什么。因为归根结底，经理人培训的最终价值——当然是值得听的——取决于你接受这种培训的能力大小。

WINNING THE ANSWERS

关于私营企业

怎样为家族企业工作

WINNING: THE ANSWERS

在我们开始撰写《赢》之前，人们问起有关私营企业的问题时，我们一般都借故推脱了。因为我们觉得，这种企业往往具有独特而复杂的家族关系，没有常规的“正当程序”，不是我们所擅长的。然而，《赢》出版之后，我们高兴地看到，它对于很多私营企业也有很重要的参考价值，于是，我们开始投入更多的时间与私营企业的老板和管理人员进行交流。确实，私营企业有独特的一面，但是，正如我们在本书中这一（简短的）部分所述，它们与其他各类公司的目标是一致的。而且，在某种程度上，私营企业的老板和管理人员更富有激情——他们决心为下一代打造一个更为坚实的公司。

63

家族企业是否需要接班人计划?

我给我父亲打工。他创立了一个家族企业，企业的效益非常好，这得益于父亲手下精干的管理班子。问题是，虽然父亲在管理方面无可挑剔，但是他却迟迟没有拟订接班人计划。为了公司的发展和我们下一代的未来，他应该拟订一个这样的计划。我该怎样跟他提这件事，还不能让他觉得我是出于自己的利益想把公司“弄到手”?

——美国伊利诺伊州芝加哥读者

首先我们想说的是，你不一定需要接班人计划，你只是想接班而已。

在这件事情上，你的父亲——既然是个“无可挑剔”的领导者——很可能心里有自己的打算，只是现在不愿意告诉你。

不管是哪一种情况，你都有一种感觉，好像是在一家极其传统的上市公司工作。公司总是对接班人计划秘而不宣，迟迟不肯公布。但是，不管怎么样，那些公司仍旧能设法实现 CEO 之间的顺利交接，并且，公司的主管也会成功地规划下一代的未来。只是在信息不足的情况下，他们不想依靠他们的判断提早做决定。

确实，对你也好，对所有 CEO 的候选人也好，早一点知道结果，日子会更轻松。接班人计划为什么不早一些公布，我们至少能想出三个原因。

首先，人们成长的速度快慢有别。在一开始有着辉煌业绩的接班人很可能随着时间的推移会逐渐暗淡下去，而后发制人者往往能取得成功。因此在做出最后决定之前，CEO 必须至少花数年的时间来考察候选人在若干个职位以及各种经营环境下的表现。

其次，过早地公布接班人可能会影响企业的正常经营。这是因为，CEO 的人选公布之后，难免会有一些人离开公司，这时候，如果公司没有预先想好替代人选，公司经营很容易出现混乱。所以，公司需要花时间研究替代方案。

最后，如果现任 CEO 做得非常出色，并十分热衷于这个工作（就像你的父亲），他就不想过早地离开这个职位。

在这种情况下，我们建议，在弄清楚问题之前，不要冤枉了你父亲。根据你的要求，我们没有公布这封信里的细节，但我们能从

> **在做出最后决定之前，CEO 必须至少花数年的时间来考察候选人在若干个职位以及各种经营环境下的表现。**

中看出，他确实了不起。你们的家族企业虽然属于一个竞争异常激烈的行业，但是他的睿智和才干却让企业坚持了数十年，而且现在经营得如此红火。他既然能够一手缔造一个广受员工爱戴的高素质的管理团队，在接班人的事情上，他也肯定不会糊涂。他让你等待，肯定有他的理由，这个理由到时候你就会明白的。

64

如何应对家族企业的任人唯亲?

我最近被一个家族企业雇为经理。我的上级是营销部的副总裁，她是CEO的妻子。她没上过一天大学，也没有任何营销经验，可就是这样一个人，对市场部的所有人，包括我们几个MBA，进行着“微观管理”。我刚听说，在我之前有好几个能力很强的员工就是因为她辞职了。我还听说，她在公司里飞扬跋扈、颐指气使，谁不同意她的看法，她就打发谁走。而且，她的丈夫居然还全力支持她。如果不想辞职的话，我该怎么面对这种裙带关系?

——美国得克萨斯州奥斯汀读者

这个问题不难解决，但是我不明白，你在应聘这个工作之前干什么去了?

我们之所以问这个问题，是因为你现在才发现这个情况已经有点晚了。这本来是你在应聘家族企业之前进行“尽职调查”时应该做的。在应聘家族企业之前，你还应该考虑：他们的堂兄弟姊妹、表兄弟姐妹之中有几个希望你再次获得提升；与CEO的近亲唱对台戏的后果如何——是让你卷铺盖走人，还是仅仅对你示以颜色。

注意，这并不是说，人们不要在家族企业里工作。家族企业是社会经济一个相当大的组成部分，能为人们创造一些非常理想的就业职位。

但是，当你决定去家族企业工作的时候，你必须明白，你将接受一笔特殊的交易，而每一笔交易都会有所付出。

当你决定去家族企业工作的时候，你必须明白，你将接受一笔特殊的交易，而每一笔交易都会有所付出。

这笔交易的优势很明显。家族企业在某种程度上可以为你提供其他公司很难提供的东西，比如，同其他领导共同决策的权力、比较随意的人际关系。比起其他企业来说，家族企业的文化氛围最为人性化，身在其中的员工可以感觉到自己是一个大家庭的成员，而不是一个抽象的“员工编号”。而管理人员（比如说你）可以直接和股东、决策者对话。你可以真切地感觉到自己在参与着企业之间的竞争。

但是，它的不利方面也很明显，这一点，你已经有所体会。当你加入一个家族企业，尤其是一个小型或中型企业的时候，往往就意味着你放弃了在正规企业里“依法行事”的“判决过程”（对不起，这里找不到更恰当的说法）。这并不是说，上市公司里完全没有刚愎自用、盛气凌人的上司，或没有任人唯亲的现象，但是，大多数上市公司里的制衡制度，比如员工满意度调查、人力资源监督制度确实能够在很大程度上给员工一种感觉：如果他们与上司发生分歧，上面很容易听到他们的声音。

解决家族企业里缺少“判决过程”这一问题的唯一出路是做好思想准备。即使没有任何异常情况，你也要时时为自己考虑一个退出战略。如果一个家族企业请你出任 CEO，甚至是高级经理人，在对方答应提供离职金之前，不要轻举妄动。

你属于哪一种情况？你好像没有和他们签订协议，你还说你不想辞职。这样的话，你唯一的选择就是适应。你必须想办法与 CEO 的妻子合作。忘掉她的学历，不管她有没有学历——毕竟她是你的上司。所以，把想要改变现状的想法暂时放在一边不要提起，给她一个认识你、相信你的机会。

如果你能够在应聘过程中进行适当的“尽职调查”，你就能了解到这些“隐患”，从而避免你现在的被动局面。不过，现在说这些已经为时已晚。这里的裙带关系是你与这个家族企业交易的一部分，所以，尽情享受它给你带来的好处吧。

65

如何实现收购后的平稳过渡?

我们是一个家族企业。在经营了61年之后，企业被卖给一个资产达2.5亿美元的公司，但我们仍然保留着公司原来的名称，我们的经营活动也是独立的，每个人依旧在做着原来的工作。表面看起来一切如故，但是，我们清楚公司已经今非昔比。我作为公司总裁，怎样才能和员工一起用最快捷、最稳妥的方式实现这个过渡?

——美国康涅狄格州布里奇波特读者

祝贺你，祝贺你！第一要祝贺这次交易本身——看来，你和你的顶尖团队在这场交易中表现得非常出色，你们应该能感受到打造一个被市场看好的企业能够带来的财务回报。

第二要祝贺你能意识到，即使企业现在表面上看起来一切如故，但是变化已经的的确确发生了——你们被收购了。你和你的员工现在是在为新的老板工作了，即使这位新老板非常器重你，他也要你按照他的思路行事。人力资源部会推出一套新的业绩评估制度，财务部门会有一套新的利润计算方法等，公司的流程、规章、程序等都要进行调整。

所以，最快捷、最稳妥的调整方法就是认同。不要把自己封闭起来，积极地面对这场变革，让自己的失落更具建设性。不要伤心、哀叹“我们过去……”或“还是过去好”。说句实在话，在这次收购交易达成之际，你们就没有抱怨和不满的权利了。

最快捷，最稳妥的调整方法就是认同。不要把自己封闭起来，积极地面对这场变革，让自己的失落更具建设性。

被收购是一个企业所面临的最痛苦的剧变之一。对于你个人来说，金钱可能已经抚平了你的不快。如果你想让你的下属和整个企业像你一样获得良好的发展，就必须向他们传达一个明确而简单的信息：过去的已经过去了，接受眼前的事实吧。

66 从外面请帮手突破困局

> 我今年29岁，在我父亲32年前创办的一家小公司里从事生物化学方面的工作。公司业务很长时间都停滞不前，这使我担心公司前景不妙。我父亲和我都没有管理经验，怕是不能实现原来的梦想了。如果我读一个MBA或者重新深造我的专业知识，能否改变眼前的窘境？
>
> ——巴西维多利亚读者

未必！你的问题很复杂，而时间又很有限。要想解决这个问题，首先你必须承认，你们现在到了许多初创企业和家族风险企业发展的一个关键时刻。凭借独特的技术或产品，再加上热情和干劲，你们只能走到现在这一步。现在，你需要帮手——从外面请高人进来。

不要惊慌。你只需走出去，找一个出色的CEO来帮你走出困境。对于作为企业所有者和企业家的你来说，你可能觉得这简直是奇耻大辱，但是，这种痛苦只存在于初期阶段，即在你们确定新的工作职责和工作关系的过程中，你会体味到强烈的失落感。当外来者用他们的经验和对变革的渴望，开辟出一条你一直在寻找的发展之路的时候，所有的成果都将逐渐显现。

当然，要吸引这样一个变革的推动者，你必须有所割舍。例如，你和你的父亲可能必须让出一些日常管理、招聘和战略规划的权力；你们还必须放弃一些股份。你们不可能聘请一个优秀的CEO而不让他分一杯羹。事情的另一面是，如果这位新任CEO不负众望，彻底扭转了公司的业务状况，那么，随着企业的增长和兴旺，你们双方都将获得成功，不论是在经济收入还是在其他方面。

记住，你雇用优秀的CEO不是为了听命于你——而是为了挽救你！

出让股份有时候确实让人心里发慌。其实并没有那么可怕，因为你和你父亲仍然控制着公司的绝大多数股权。只是你们行使这种权力的时候要谨慎从事。

记住，你雇用优秀的CEO不是为了听命于你——而是为了挽救你！

WINNING THE ANSWERS

关于输与赢

为什么说企业是向善的

WINNING: THE ANSWERS

《赢》出版之际，正赶上全球经济生命周期中最为暗淡的时刻。技术泡沫的破灭，极大地打击了整个企业界的信心；恐怖主义的抬头给市场经济带来的震动久久不能平息；同时，公司丑闻又甚嚣尘上，沸沸扬扬。经历了10多年全速发展的美国企业突然跌入了低谷，业务停滞不前，前景虚无缥缈，创业的豪情一落千丈。

很多人提出企业“性本恶”，我们认为，这完全是无稽之谈，这种看法对未来社会的健康发展极为有害。

在本书最后的这一部分，我们将为大家解释其中的原因。

67
SOX 的效应

美国政府针对短时间大量出现的公司丑闻出台的一系列法律，是否会沉重打击美国人的创业精神，削弱国家的竞争优势？

——美国纽约读者

不会的——但我们需谨慎行事。

众所周知，2001 年发生了两件对美国企业环境具有巨大冲击的重要事件。第一，媒体对从那年开始的一系列公司丑闻进行了大量的报道，最终导致了《萨班斯—奥克斯利法案》的通过，该法案对企业财务报告增加了很多限制性要求，并推出了严厉的制裁措施。人们通常把这一法案称为 SOX，它对风险创业机制实施了诸多限制。这些新要求对所有公司都带来了不同程度的影响，小型的初创企业由于员工有限、现金流紧张，受到的冲击最大。

第二，“9·11”恐怖袭击事件。由于这一事件的发生，美国国会通过了新的移民法律。虽然这一法律的出台是自然而然的事情，但是在客观上影响了美国入境签证的办理规定 H-1B，国外的技术人才，即未来的企业家，很难在完成学业之后驻留美国。

人们曾以为，SOX 和 H-1B 将在客观上大大削弱美国的创业精神，但事实上，这种结果并没有出现。让我们说一说其中的原因。

首先说说 SOX。毫无疑问，SOX 的出台是必要的。当时，投资者望眼欲穿，希望美国政府能够保证国内企业的廉洁和公正。SOX 做到了这一点，而且效果很好。能够以 99 ∶ 0 的结果获得参议院通过的法律，必然是一个比较极端的法律——SOX 正是如此。

但是，我们可以看到，SOX 那些非黑即白的限制性条款正让位于执法部门的“良好判断”。美国证券交易委员会认真、全面地重新评价和修改了 SOX 里的一些条款。修改之后的条款和“良好判断”原则更能让 SOX 体现一般情况和平衡的原则。

对于新的移民法来说，情况就不那么乐观了。实际上，在 2004 年，美国政府将允许进入美国的 H-1B 侨民的数量削减了 2/3，也就是说，从 19.5 万削减到了 6.5 万——虽然也降低了这些侨民的雇主为他们提供担保所付出的成本。在我们最近到美国数十所商学院访问期间，我们一遍又一遍地听人们说起这个法律带来的种种弊端。说这些话的不仅仅是受到该法律影响的年轻人，还有那些想帮助这些年轻人实现美国创业梦的教授们。

美国的文化推崇创业精神。从托马斯·爱迪生、亨利·福特到比尔·盖茨、迈克尔·戴尔都是美国人耳熟能详的英雄人物。

也就是说，SOX是一个良好的范例：在美国社会，相关部门可以对因情况紧急而制定的有些过于严厉的法律进行调整，使其能够反映市场变化的真实情况。移民法很可能也可以进行这样的调整。在很大程度上，美国的繁荣是建立在移民的智慧、热情和辛勤的汗水之上的；将来，它肯定还要继续受益于来自世界各个角落的优秀人才。

即使移民法很难、很快回到以前那种宽松的状况，美国在全球市场上仍然拥有三个方面的巨大优势。

第一，美国政府和人民热情地支持发展企业。他们信仰资本主义，而且美国政治体系的方方面面都体现了这种信仰。这里的企业税收很低，绝大多数美国人热情地支持自由贸易，鄙弃保护主义措施。

第二，美国的文化推崇创业精神。从托马斯·爱迪生、亨利·福特到比尔·盖茨、迈克尔·戴尔都是美国人耳熟能详的英雄人物。美国青年在告诉别人（包括他们的父母亲）“我要在家中的车库里开办一家公司”的时候丝毫不会感觉有什么难为情。实际上，对方的反应往往是忌妒、敬畏，而不是惊慌。

第三，也是最后一个方面，美国拥有构建强大企业所需的庞大的资本市场和创造力。在向各个行业倾注创业所需的风险资本或创业热情，或这两个方面上，欧洲、日本和拉丁美洲都远远落后于美国。同时，它们还缺少美国的私人股本公司在资本增值方面的渴望。美国私人股本公司急切地寻觅各种机会，渴望将经营不善的企业变成极具竞争力的明星企业。

美国是创业人士的乐园，即使有一些过于掣肘的法律，也不会抵消它的乐趣、活力与动力，即创业精神。

在美国，优秀的创意和孵化这些创意的企业家不用低三下四地四处筹资；相反，资金在追逐着他们。情况往往是，大笔的资金无处可投。

简单地说，美国是创业人士的乐园，即使有一些过于掣肘的法律，也不会抵消它的乐趣、活力与动力，即创业精神。

68

办公室政治

> 您信不信大公司里到处充斥着办公室政治，就是那种“看关系，不是看水平”的情况——很多有才干的人被冷落，而溜须拍马的人却青云直上？
>
> ——英国埃塞克斯郡读者

办公室政治确实存在，但是说大公司里“充斥着”办公室政治确实有些夸张。各国的许多公司——有志于赢得竞争的公司每天都在竭力清除这种现象。它们在不遗余力地与办公室政治做斗争。因为每一个理智的经理人都明白，只有当那些表现优秀的员工——而不是“做样子”的员工——受到重视并不断进步，公司才能在企业竞争中胜出。

如果微软的高级管理层里充斥着只善于阿谀奉承的人，微软就不可能成为全球最成功的IT企业，你说呢？如果宝洁公司提升的是一群草包型的马屁精，他们能重拾创新这一制胜利器吗？不可能。这些公司，还有不计其数的类似企业，之所以能够取得非凡的业绩，完全得益于它们优秀的领导班子。在这里，重要的是经理们的才干和汗水，而不是上一周谁邀请上司喝了鸡尾酒。

根据我们的经验，办公室政治只是三类人的“专利”。第一类是天生就对上司心怀芥蒂的人。几乎在每个企业里多少都有一些对领导不满的人，他们天生就对权威心存蔑视。这种性格已经深深地融入了他们的内心深处。他们每天在公司里四处搜寻着“宫廷阴谋”。他们别有用心地嘀咕某某人靠“关系”被提拔了。第二类是工作表现较差的人。他们往往用办公室政治来掩饰他们能力上的不足。他们的口头禅是，本来应该被提升的是他们，结果名额被“玛丽”给顶了，因为她和上司的弟弟是同学……第三类是懒惰的人，也就是那些不思进取的人。俗话说，“懒汉的手是罪恶的渊薮”，懒汉的头脑也是。

办公室政治只是三类人的“专利”：第一类是天生就对上司心怀芥蒂的人；第二类是工作表现较差的人；第三类是懒惰的人。

通过分析办公室政治背后的三类人，我们不难看出，办公室政治主要影响的是三流公司。一流的公司将竭尽全力将这些人清理出员工队伍，或者让他们去做适合他们的事情。这并不意味着一流公司就可以一劳永逸地解决这个问题，但是，它们绝对不会停止努力。

69
该给孩子提些什么建议？

在经理人和工程师的职位上奋斗了多年之后，我对自己取得的成绩很是欣慰。现在，孩子们要我给他们提一些有关教育和职业发展的建议，如果您是我，您会怎么说？

——美国威斯康星州密尔沃基读者

一看到或听到这个问题，我们就不由得想起我们的一个朋友。当年，她的父母鼓励（用她的话说是“逼着”）她从医。那是 20 世纪 70 年代的事情，当时获得医学学位就像是中大奖一样困难，而医生在社会上的地位确实很高。所以，我们的这位朋友听从了父母的建议，后来终于如愿以偿地成了一名医生。父母为她的成功高兴不已，她也一直任劳任怨地从事着这个工作。

再说一说现在。有意思的是，我们的这位朋友现在以摄影为生。她在45岁的时候扔掉了她从事了20年的神经科医师的工作。用她的话说就是，“生命短暂，不值得把每天的大好时间花在你不喜欢的事情上。”

我们也建议你把这件事告诉你的孩子。

我们发现，每个时代都有新的重大技术进步。在20世纪70年代，父母逼着即将上大学的孩子选学地质学，为的是赶上大量开采石油和天然气的机遇。

真正值得追求的职业是能够激发你的工作潜力和热情的工作。

在80年代，投资银行业和金融业又成了未来的高薪行业。到了90年代，长辈们对孩子们的“一致要求”是“搞网络吧，年轻人”。所有这些都不是什么坏事情。石油和天然气行业一直红火至今，成就了很多人的财富梦想；而互联网在遭受了一段时间的不景气之后，仍然红火如初，而且越来越红火。

当今，所有的指针都指向生物科学、纳米技术和信息技术这三个领域以及它们的交汇领域。在未来的10年内，增长潜力最大、发展势头最火的很可能就是这些领域。

但是，只有当你的孩子非常爱好科学和技术这两个领域，或其中一个领域，并能够如饥似渴地学习相关知识的时候，我们的这一建议才适用。

否则，他们应该接受我们的那位朋友最后终于得出的职业建议：真正值得追求的职业是能够激发你的工作潜力和热情的工作。

所以，首先，要让你的孩子知道未来10年的技术发展趋势。其次，还要向他们讲清楚，他们应该选择自己喜欢做的事情。告诉他们，坚定地去从事那些能够吸引他们才能、热情和灵魂，并能够让他们感到可以穷其一生孜孜以求的职业。最后，要让他们明白，物质财富距离他们并不遥远，即使到时候他们并没有获得可观的物质收入，他们也会发现，自己已经非常富有，因为他们拥有的财富是金钱买不到的。

70

商场不是战场

我取得胜利还不够，其他人必须都失败——据说这是成吉思汗说过的一句话。当今的成功人士有时也引用这句话。在这个企业竞争已经达到白热化的时代，您怎么看待这种态度？

——美国俄克拉何马州读者

这纯属无稽之谈！因为企业根本不是这样经营的，也不应该这样经营。

当然，你不会希望你的竞争对手发展壮大。所有具有坚强意志的企业人士都希望赢得竞争——他们希望卖出最多的产品、占有最大的市场份额、实现最高的利润率等。

但是，他们也意识到，竞争对手虽然在虎视眈眈地步步进逼，但是这种竞争环境也会给自己的企业带来好处。他们让你更加执着，更加专注于你的产品或服务。他们让你时刻保持高昂的斗志和积极进取的拼搏精神。优秀的竞争对手还能在从创新到服务的各个方面提高竞争的层次。

如果没有竞争，企业就会越来越臃肿，动作就会越来越迟缓。很典型的例子是，那些官僚性垄断企业之所以失败，在很大程度上都是由于实现了既定目标之后开始沾沾自喜、妄自尊大，停止了进取的脚步。

所以，你可能不希望竞争对手超过你，但你希望他们存在。竞争对顾客有利，对你有利（虽然，有时候竞争会给你带来痛苦），对整个企业环境也有利。

从个人层面上来说，这句话也是没有道理的，即使对于我们中那些最具雄心的人也是如此。我们不否认存在一些幸灾乐祸的成分，这也是人之常情——当同事的工作出了差错的时候，我们的内心会自然地感到一阵轻松（或者更糟——兴奋）。但是，顶尖的成功人士会设法排遣这种本能，他们知道那句古话：即使别人的蜡烛灭了，你的蜡

与高水平的对手同台竞技，你才能有所收获、有所提高。

烛也不会更明亮，而只能让整个房间的光线更暗。

不仅在工作中，在生活中也是如此。最理想的情况是，你的周围有一些积极进取的优秀人士。与高水平的对手同台竞技，你才能有所收获、有所提高。在他们进步的时候，你也在进步——不管是将他们作为你的榜样，还是将你作为他们团队的一部分。

所以，虽然成吉思汗对800年前在蒙古草原上与其他割据势力作战的形势了如指掌，但是，对于当今社会的情况，他的建议早已过时了。

71
只有认输，你才会输

有关赢的这些话题让我不由得想到，这个世界存在失败者的位置吗？取得成功的毕竟只是很少的一部分人，那么那些没有取得成功的人怎么办？难道他们都自杀了吗？

——印度班加罗尔读者

这是一个什么问题？看来，你只是从纯粹的经济学角度来看待“赢”这个问题。事实并不像你想象的那样。

我们从另一个角度来看待赢，它指的是制订个人目标并成功实现这个目标，并且（同样重要的是）享受实现成功的整个过程。赢可以与工作毫不相关，也可以与工作密切相关。确实如此，你可以赢得公司主管的职位，也可以赢得木匠、数学教师甚至是婚礼乐队歌手的位置。赢得后者和赢得公司主管的位置一样有意义。赢还可以体现在供养家庭、赡养父母，或者尽一个好朋友的义务上——只要它是你下决心要做的事情。实际上，天底下最伟大的成功者就是那些能够对以下这个问题做出肯定回答的人——“我的生活是我真正选择的吗？”

我们认识这样一个成功者——用你的经济学定义来说，他很难算是一个成功者。吉姆·奥康奈尔从哈佛医学院毕业后，放弃了著名医院待遇优厚的工作机会。在过去22年的时间里，他几乎每天晚上都开着一辆厢式货车在波士顿的周边转悠，向无家可归的人提供医疗救助。他生活俭朴，并不看重金钱，但是，吉姆的生活却充满乐趣。人们尊重他、爱戴他，以认识他为荣——不管是街头小贩，还是国会议员。

赢和输是不能量化的。它们是一种心境，只有你认输或放弃的时候才会输。如果从这个角度看，所有人都是成功者，每个人都各得其所。

所以，赢和输是不能量化的。它们是一种心境，只有你认输或放弃的时候才会输。如果从这个角度看，所有人都是成功者，每个人都各得其所。

72
有关沃尔玛的争论

沃尔玛到底是善的力量，还是恶的力量？

——美国新罕布什尔州埃克塞特读者

最近几个月以来，问我们这个问题的人越来越多。大多数提问者是情绪激动的中学生，他们提出上面这个问题之后，还在后面加上了自己的看法："您认为企业对社会是有益的，可是，沃尔玛却对社会起到了破坏作用。"

破坏作用？怎么会呢？

沃尔玛是一家优秀的企业。也许这么说会引发"众怒"，但事实确实如此。沃尔玛实现了个人、公司以及整个社会经济的共同发展。

不错，沃尔玛是行业的巨无霸，而且还在不断发展。它独特的经营模式对竞争对手构成了威胁，它强大的采购实力让供应商为之咋舌。但是，这些事实并不能证明沃尔玛是“向恶”的，这只能成为某些批评者醒目的靶子。他们的看法都很片面，他们没有看到沃尔玛在很多方面为提高人们的生活质量做出的贡献。

拿沃尔玛对个人的帮助来说，最为直接的是，沃尔玛低廉的价格对数百万顾客的生活起着积极的、深刻的影响。除沃尔玛之外，没有任何一个零售商能够以如此低廉的价格向顾客提供从食品、文具、药品到家具等林林总总的各类产品。通过这种方式，沃尔玛可以极大地降低人们的生活成本。在这方面，任何社会方案和政府计划都难以与沃尔玛相提并论。

另外，沃尔玛还可以通过激励的方式为个人发展提供长期的支持。它可以为员工提供巨大的升迁空间，甚至对于那些只有中等学历的员工也是如此。公司里流传着很多底层员工或收银员努力工作被提升到管理岗位的事迹。随着沃尔玛的国际扩张，员工的职业成长之路可以从得克萨斯州的零售店延伸到阿肯色州的物流部门，最后成为欧洲或亚洲的分公司主管。对于那些急欲摆脱“月光族”生活方式、想实现自我突破而又苦于无门的人来说，沃尔玛在员工培训和机会创造方面的努力只有美国军方才可以与之相媲美。

显而易见的是，沃尔玛的廉价商品政策和庞大的员工队伍能够对公司所在地区或国家经济的发展起到累积的效果。低廉的商品价格可以降低通货膨胀，员工的购买力又可以拉动市场需求。

难道这是罪恶吗？

还有人说，沃尔玛影响了美国经济的发展，他们说在沃尔玛的压制下，小企业连萌芽的机会也没有，更不要说生长了。这种说法是站不住脚的。作为一个竞争者，沃尔玛根本没有涉足作为美国经济活力之源的技术型初创企业经营的众多领域。这些初创企业包括位于硅谷的那些处于萌芽阶段的小型技术风险企业，位于波士顿和加利福尼亚的那些领先于时代的生物实验室，以及遍地开花、积极创新的互联网“概念企业”。至于那些较为传统的初创企业，也就是那些产品制造企业——如果说沃尔玛对它们有什么影响的话，那就是沃尔玛可以帮助它们，为那些有魄力的企业家提供一个参与竞争的机会。

在这方面，我们认识一个迈阿密的女老板。她的名字叫泰姆·特兰。泰姆独立经营着一家生产指甲油和其他化妆品的公司——Anise Cosmetics。泰姆说，她的公司之所以能够迅速发展成为一家全国性的企业，完全得益于沃尔玛的大力支持。依托沃尔玛的强大资源和深刻的市场分析，她大胆地设计了一套独特的生产线。沃尔玛派两名主管帮助泰姆构思了新的广告词，改善了产品的包装，然后将她的产品摆上 1 400 家沃尔玛分店的柜台。“他们的点子很多，总能在我前头想到问题，”她不久之前在写给我们的一封信里说，“其他经销商连想都不会想到我们。沃尔玛买卖公平，最具职业风范。”

说到这里，我们可以看出，沃尔玛并没有对企业家除之而后快。还有人批评说，他们对社区商店可没这么仁慈，沃尔玛不是挤垮了很多夫妻店吗？那些社区里的小药店、五金店、家具店和杂货店对顾客和雇员可都相当好。

确实，对于当地许多商店来说，沃尔玛的出现意味着它们末日的来临。不错，有些商店还能在顾客推门进来的时候亲切地叫出他们的名字，但是，就是这些顾客，在购物的时候选择的往往却是沃尔玛。原因很简单，沃尔玛低廉的价格对于生活的意义远远超出了亲切的打招呼。这和阴谋没有任何联系，这是市场规律的作用。

再说一说对员工的关照——纯属子虚乌有。在大多数小城镇里，商店的老板往往开着最高档的汽车，住着最豪华的房子，还定期去乡村俱乐部散心；而他们的员工呢，根本无缘分享老板的财富，这些员工很少有养老保险或医疗福利，更没有机会接受应有的培训，极少拿到像样的薪水。这些店老板很少思考怎样扩大经营规模，让销售额再上一个台阶。他们的生活舒适、稳定、不思进取。这种生活对于他们来说当然不错，但是对于积极想要改善生活和提升事业的广大员工来说，这简直是一剂毒药。

持批评意见的人还强烈谴责沃尔玛，说他们对供应商过于盘剥。这些人说，经销商很难从“拥有”渠道的沃尔玛那里获得一个公平的价格。不管是秋千还是牛肉干，你都必须完全接受他们提出的条件，否则他们根本不要你的货。

这倒是事实。庞大的市场份额给予了沃尔玛巨大的谈判优势，但是，我们以通用电气公司为例，虽然通用电气与沃尔玛打了数十年交道，却从未感到沃尔玛的采购员在商谈价格方面有什么不道德或不公平的地方。他们只是坚持要一个低价格。在与沃尔玛的谈判中，通用电气公司获得了很多订单，也与很多订单失之交臂。有失必有得，订单的流失迫使通用电气挖掘内部潜力，想办法提升自己，例如，降低制造成本、提高产品设计或包装方面的灵活性。

沃尔玛是一家致力于帮助消费者和员工成功与成长的优秀企业。只要它初衷不改，它将永远受到人们的尊重。

最终的结果是，产品价格保持在了一个较低的水平上，顾客获得了实惠。这就是沃尔玛保证顾客满意度的动力，也是其销售额和利润不断提升的原因。

诚然，沃尔玛的成功，确实给一些人带来了极大的冲击。肯定有一些竞争对手因难以与沃尔玛的经营模式相抗衡而最终倒闭，在这个过程中，也会有一些员工失业。但是，在这方面，沃尔玛与汽车行业的丰田没有任何区别。当丰田公司于20世纪70年代进入美国的时候，也有人对他们横加指责。几十年后的现在，绝大多数人都认为，丰田公司的经营方式更为科学。它向顾客提出的价值主张抬高了整个行业的标准，迫使那些在制造和设计方面落后的企业意识到它们的处境，继而改革流程，奋起直追。

丰田公司推动了汽车行业的变革，它为社会做出的贡献超过了任何一家因循守旧、裹足不前的企业。

沃尔玛亦是如此。它是一家致力于帮助消费者和员工成功与成长的优秀企业。只要它初衷不改，它将永远受到人们的尊重。

73

大多数企业不该成为安然事件的受害者

2006年5月，在安然案件审理和宣判期间，大家不约而同地关注起安然公司倒闭的受害者来：失去了工作和退休金的原安然公司的员工、总损失达数十亿美元的股东、休斯敦的居民——安然公司一直对当地的慈善事业鼎力相助。

据说，这些受害者只能从判决中获得形式上的怜悯和安慰。法律确实发挥了作用，但实际上，发挥作用的是一部过时的法律，因为审判杰夫·斯基林和肯尼斯·莱援引的法律是在2002年颁布《萨班斯—奥克斯利法案》之前很久就已颁布的法律。当时，人们普遍认为，法院的判决既不能弥补大家金钱上的损失，也不能缓和安然公司的倒闭对人们的生活造成的严重影响。

还有一点，判决结果也很难让人们重拾令企业经营有乐趣可言的乐观、自信和勇气。

乐趣，没错。还记得吗？在巨型企业被安然公司和其他作奸犯科的公司妖魔化之前，身在企业的人们可不是现在这种心情。互联网泡沫的破裂肯定会打击人们对企业的信心，但我们现在谈论的是这以前的事情。虽然这种信心的破坏很难量化，但是在我们所到之处，确实能感觉到一种恐惧和担心。人们对冒险忧心忡忡，感觉前途一片渺茫。他们对自己热爱的工作开始产生了怀疑。一时间，企业失去了原有的光彩。真是一件让人痛心的事情。

如果这些公司丑闻能够告诉我们一件事情的话，那就是，不法行为的确只是极少数。据《华尔街日报》估计，自从2002年7月以来，大约有1 000人因为公司犯罪被法院判刑。这仅仅是1 000人，而不是1万人，甚至不是10万人——要知道，美国有数千万企业人士。虽然有的违法行为还没有被揭露出来，但是绝大多数企业还是奉公守法的，在一般情况下，法律是有威慑力的。

我们清楚这一点，估计你也清楚，你可能只是目前很难接受这个事实。前些天，我们在佛罗里达州与几个保险推销员进行了一次交流。开始的时候，他们有说有笑，气氛非常活跃，直到后来，其中一个人欲言又止地问道："除了我以外，这里的其他人是不是也感觉在企业里工作很丢人？我的意思是——有点……名声不大好？我知道自己没有做什么违法的事情，我的同事也相当不错，可我还是觉得……”屋里一片寂静，片刻之后，响起一片支持的掌声——他说出了他们所有人的心里话。

这种自我厌恶令人忧虑，它不是企业经营环境恶化的唯一结果。世界各地的经理人都说，他们把大量的宝贵时间都投入到防范活动中，一头扑在公司财务上，口中不停地念叨，“别出岔子，别出岔子，别出岔子。”我们当然认为会计报表应该准确，而且应该绝对的完整和真实，但是这些公司丑闻对其他企业的影响久久挥之不去，即使在安然事件过去了多年以后，还有许许多多的公司徘徊在阴影里，而不是积极规划未来的发展蓝图。

企业不是完美的，只要其中有人为的因素，它就永远不会完美。

注意，企业不是完美的，只要其中有人为的因素，它就永远不会完美。虽然我们制定了大量的法律法规，但是仍然有人在超速行驶，仍然有人要抢劫便利店，或犯下更严重的罪行。比如，联邦调查局突然光临一个国会议员的办公室；另外一个议员被人告发之后辞职；一家知名报社的一位记者捏造新闻长达数年之久；一个职业牧师将奉献盘中的捐款窃为己有，肆意挥霍。如果因为安然这样的公司就否认所有的企业，那么你就会因为极少数的政客、新闻记者、牧师而否认所有的公务员、媒体和神职人员，那么下一步，你是不是要否定全人类?

企业是社会繁荣的重要来源，它是一项高尚的事业。蓬勃发展、正道直行的企业随处可见，它们应该受到社会的赞扬。它们促进就业，为员工成长提供良好的发展空间，它们是自由、民主社会的基石。在优秀企业工作的员工还积极地回馈社会，他们缴纳税金，为在校学生提供就业指导，志愿参加消防活动。所以，不要因为一个安然公司就将所有企业全部否定。企业是向善的，更准确地说，企业是伟大的。

我们不能一叶障目，因为极少数公司就改变了对现实世界的看法，让所有企业人士蒙受不白之冤，失去前进的勇气。

诚然，安然事件确实让很多人、很多公司深受其害，整个过程完全是一场悲剧，但是，我们不能一叶障目，因为极少数公司就改变了对现实世界的看法，让所有企业人士蒙受不白之冤，失去前进的勇气。我们不能让企业这一驱动社会发展的强大引擎和美好希望，成为安然事件的最终受害者。

74
赢的真谛

在事业发展的初期，我听人说，“如果你丢掉了自己的灵魂，世间就不会有任何可以赢得的利润。”现在，我开始怀疑这句话的正确性——如果未来的历史学家追溯我们这个时代，会不会说，“他们虽然赢得了个人财富，却破坏了家庭、社区，甚至国家？”我想请教的问题是，您认为，赢是什么？它是不是超越了市场份额的一个概念？

——苏格兰爱丁堡读者

实际上，赢与市场份额没有任何关系；或者说，它不一定要和市场份额有什么联系。根据这个定义，赢是一段个人的旅行，也就是你作为一个个人制订并实现自己目标的过程。这个目标可以是建立和供养一个快乐、健康的家庭，也可以是为无家可归的人创办或资助建立一个庇护所；可以是教孩子认字，也可以是驾一叶扁舟周游世界。

话说回来，赢也可以是打造一家能够在国际竞争中胜出的强大企业。

赢意味着到达了你真正选择的目的地。它不一定和利润相关，虽然也可以和利润相关。从根本上说，赢的意义就是让你的生命有所成就。它意味着追求进步、做有意义的事情；它意味着成功。

赢并不意味着破坏家庭、社区和国家。赢甚至可以与参加新一轮全球经济的公司没有关系。事实上，你认为经济上的成功肯定是道德上的堕落，这个观点是绝对错误的。

赢是一段个人的旅行，也就是你作为一个个人制订并实现自己目标的过程。

注意，企业的赢不是一个零和博弈。在体育比赛中，一个球队赢的时候，另一个球队肯定就输了；而在企业中，一家公司赢得竞争的时候，还有很多间接的获胜者。除了优秀公司的企业主管和股东首当其冲获得利益之外，员工、经销商、供应商也能获利。在某些情况下，微软公司和安进公司（Amgen）就是很好的例子——一家公司的成功能够催生数十家新公司，这些新公司向“母公司”供应原料、零配件或出售产品。这样的成功例子多达数千个。有时

赢意味着到达了你真正选择的目的地。从根本上说，赢的意义就是让你的生命有所成就。它意味着追求进步、做有意义的事情。

候，成功企业能够创造一个崭新的行业，带来很多新的竞争对手。最重要的是，所有这些新公司都能创造就业机会，增加社会发展的动力。当人们有了赖以为生的工作，他们就有条件超越基本的生存保障，为自己设立更高的目标；可以给孩子提供更好的教育条件；可以外出游历，或者捐助慈善机构；也可以拥有新的梦想。

在创造就业机会的同时，赢得竞争的企业和它们的员工还缴纳税款，赞助从教育、医疗到法院的各种项目的实施。

这哪里会有什么“破坏”一说?

当今，在企业界确实存在一些像你说的那种用灵魂去换取利润的人。不过，这种事情很早就有了，如今，它们的表现形式经常“翻新”，比如，公司谎言、做假账、损公肥私。道德堕落的人总是存在，不仅在企业里，从神职人员到政界的各个领域里都有这样的人。

但是，我们坚信企业人士，就像我们身边的所有人一样，绝大多数人都是向善的。他们赢之有道，光明磊落，遵守规则；他们渴望提升自己的企业或者帮助别人打造成功企业；他们每天都在寻觅着新的创意；他们希望投资新技术或新流程；他们渴望创造一个美好的未来——为自己、为家人、为朋友、为同事。

这样，当未来的历史学家追溯我们这个时代的时候，还会以为我们将赢的定义局限于对世界的破坏吗？

我想，他们会说，我们创造了一个更美好的世界。